마음
vs
뇌 마음을 훈련하라! 뇌가 바뀐다

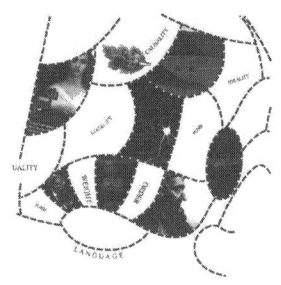

장현갑 지음

불광출판사

마음 vs 뇌

ⓒ 장현갑, 2009

2009년 10월 5일 초판 1쇄 발행
2025년 5월 31일 초판 13쇄 발행

지은이 장현갑
발행인 박상근(至弘) • 편집인 류지호 • 편집이사 양동민
편집 김재호, 양민호, 김소영, 최호승, 정유리 • 디자인 쿠담디자인
제작 김명환 • 마케팅 김대현, 김대우, 이선호, 류지수 • 관리 윤정안
콘텐츠국 유권준, 김희준
펴낸 곳 불광출판사 (03169) 서울시 종로구 사직로10길 17 인왕빌딩 301호
         대표전화 02) 420-3200 편집부 02) 420-3300 팩시밀리 02) 420-3400
         출판등록 제300-2009-130호(1979. 10. 10.)

ISBN 978-89-7479-567-2 (03180)

값 16,000원

독자의 의견을 기다립니다. www.bulkwang.co.kr
잘못된 책은 바꾸어드립니다.
불광출판사는 (주)불광미디어의 단행본 브랜드 입니다.

마음
vs
뇌 마음을 훈련하라! 뇌가 바뀐다

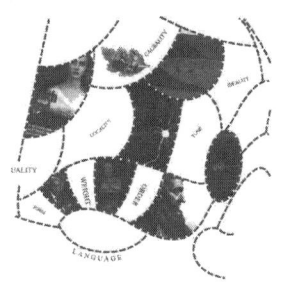

장현갑 지음

마음 vs 뇌

목 차

책 머 리 에 007

1장 마음에 반응하는 뇌와 몸
　1 상상이 실재다 014
　2 믿음에 따른 뇌의 반응 019
　3 마음과 몸은 어떤 관계인가? 025
　4 특별한 질병에 잘 걸리는 특별한 성격 029
　5 정서가 면역계에 영향을 미치는 방법 034

2장 마음으로 뇌의 구조를 바꾼다
　1 뇌도 변화될 수 있는가?: 신경가소성 042
　2 아인슈타인의 뇌를 해부하다 046
　3 사고 훈련을 받은 쥐의 뇌 050
　4 훈련이 미세한 뇌 구조까지 바꾼다 056
　5 외톨이로 자란 경험이 일으킨 행동장애 062

목차

3장 사랑과 배려가 몸의 병을 치유한다
1 사랑이란 생명수 072
2 외로움이라는 독약, 사랑이라는 보약 078
3 부모가 따뜻하다고 느껴지면 건강하다 :
  하버드와 존스 홉킨스의 연구 083
4 따뜻한 인간관계가 심장병과 암을 치료한다 086

4장 마음이 지닌 치유의 힘
1 믿음에 바탕 둔 치료: 티베트 의학 096
2 마음으로 몸의 병을 치료하다: 심신의학(플라시보) 101
3 종교를 믿으면 건강이 좋아진다: 영성치료 108
4 신앙심과 뇌 활동 111

5장 명상 수련에 따른 몸과 뇌의 변화
1 다람살라로 간 벤슨 박사 118
2 명상수행 중 몸에서 일어난 신기한 현상 126
3 달라이 라마, 데이비슨 박사를 초청하다 133
4 수행승의 뇌는 어떤 특징을 가지고 있을까? 141
5 행복감을 갖기 위한 뇌 훈련 146
6 수행승의 뇌 활동은 어떤 특징이 있는가? 153
7 일반인도 마음 수행을 통해 뇌를 바꿀 수 있을까? 158

6장 마음의 평화를 얻기 위한 명상수행 : 이완반응 명상
1 삶의 고통, 스트레스를 어떻게 대처할까? 166
2 이완반응 명상이란 무엇인가? 171
3 이완반응 명상은 어떻게 수련하는가? 175
4 이완반응 명상으로 심신의 고통이 극복된다 181
5 브레이크 아웃 : 영적 변형 체험 184
6 브레이크 아웃의 뇌 과학 189

7장 명상과 심신 치유 : 신경과학적 근거

1 삶의 고통과 명상 : 서양의학의 명상에 대한 관심 196
2 명상의 신경과학적 측면 204
    A. 뇌파 연구
    B. 뇌 영상을 통해 본 명상의 상태
    C. 명상과 일산화질소의 분출
3 스트레스 관련 질병의 예방과 치료를 위한 명상의 의료적 적용 222
    A. 의료 명상이란 무엇인가?
    B. 이완반응 Relaxation Response
    C. 초월명상 Transcendental Meditation;TM
    D. 마음챙김 명상 Mindfulness Meditation
4 마음챙김 명상의 임상 적용 효과 232
    A. 만성통증 chronic pain
    B. 불안과 우울
    C. 암
    D. 혼합된 임상 집단
    E. 기타 연구
    F. 기타 의학적 질병
5 한국형 마음챙김 명상(K-MBSR)의 효과 검증 238
6 명상이 심신 치유를 가능하게 하는 이유 241
7 명상의 심신 치유적 전망 255

부록 삶의 지혜를 얻기 위한 마음챙김 명상-MBSR

1 마음챙김이란? 262
2 MBSR 수련은 어떻게 하나? 267
3 마음챙김 명상 수련으로 삶이 건강하고 행복해진다 283

참고 문헌 286

책머리에

책 머 리 에

　이 책은 마음이 지닌 위대한 힘을 뇌 과학적 사실에 바탕을 두고 서술해 보려고 한 것이다. 이 책에 수록된 내용들은 지난 수십 년간 필자의 머리를 지배해 왔던 마음, 뇌 그리고 명상이라는 주제를 중심으로 엮어진 이야기들이다.

　심리학과 인연 맺은 반세기 동안 필자의 머릿속에 떠나지 않았던 기본명제는 "마음과 뇌"는 어떤 관계인가?란 물음이었다. 그래서 학부를 졸업하고 뇌 과학을 공부하겠다고 의과대학 생리학 교실로 들어가 쥐 사육실에서 수년간 쥐와 침식을 같이하면서 특정 부위의 뇌를 손상시키거나, 전기적으로 혹은 화학적으로 뇌를 자극하여 특정한 행동의 변화를 관찰하는 연구에 매달렸다. 그 후에는 생리심리학 교수가 되어 의과대학 약리학 교실에 실험실을 차리고 정신약리학과 생리심리학 실험과 강의에 몇 년의 시간을 보냈다. 또 행동의 생물학적 원형과 행동의 진화라는 맥락에서 가시고기의 생식행동을 관찰하는 등 동물 행동학이라는 생소한 분야에 뛰어든 적도 있었고, 어린 시절의 경험이 성장 후의 행동 발달과 뇌 발달에 어떤 영향을 미치는가를 알아보기 위해 심리생물학적 발달 실험에 수년간 매달려 본 적도 있다.

30대 후반이 되면서는 나 자신의 마음이란 것이 무엇인지 궁금해 정신분석을 받아보기도 하였으며, 정신분석을 계기로 마음 수행의 길로 직접 나서기도 했다. 처음에는 책을 통해 요가, 초월명상(™), 이완반응 등을 수련하다가 나중에는 국선도 도장과 태극권 도장을 다니면서 몇 년간 기공수련도 해보았다.

50대에 접어들고부터는 지리산 근방의 선원禪院에 들어가 사마타 수행과 참선 수행도 경험해 보았고, 애리조나 대학에 있을 때 "마음챙김"이란 명상을 의료에 적용하는 MBSR이라는 것을 알게 되어 이를 국내에 처음 번역하여 소개하기도 하였다. 그 후 한국형 명상의료 프로그램인 K-MBSR이란 것을 개발하여 직접 의료원에서 환자의 치료에 적용하는 일에도 관여했고, 의과대학 통합의학교실의 외래교수가

책머리에

되어 "명상과 이완"이라는 심신의학 강의를 맡기도 했으며, 불교대학원에서 "심신통합치유"라는 새로운 과목의 강의를 맡아 본 적도 있다. 최근 몇 년 동안에는 명상을 의료에 적용하려는 "통합의학회"와 심리치료에 적용하려는 "명상치유학회"를 창립하는 데 주도적으로 관여한 적도 있다.

이런 수십 년의 삶의 궤적 속에서 읽었던 책의 내용이나 경험 등에 얽힌 이야기들을 어떤 형식도 없이 자유분방하게 담아내 보려고 한 것이 바로 이 책이다. 나는 이 책에서 먼저 마음이 몸을 지배한다는 생각, 마음수련으로 몸과 뇌를 바꿀 수 있다는 과학적 근거, 그리고 건강하고 행복한 삶을 살아가기 위해 마음수련을 하기 위한 구체적인 지침을 제시해 보려고 했다. 이런 세 가지 뜻을 비교적 평이한 내용으로 전달하려고 하였지만 워낙 견문과 지식이 부족하여 뜻한 바대로 잘되지 못한 아쉬움이 있다.

2005년 세계 최첨단 과학 학회의 하나인 "신경과학회The society of Neuroscience"에서는 티베트 불교의 승왕 달라이 라마를 기조 연설자로 초청했다. 그는 "명상의 신경과학"이라는 특별 강연을 해 일대 센세이션을 일으켰다. 성인의 뇌는 절대로 바뀔 수 없다는 기존의 뇌과학계의 불문율을 깨고 명상을 통해 뇌의 생리학적 해부학적 변화를 일으킬 수 있다는 것을 주장한 것이다. 최근 서양의 심리치료계에서 가장 주목을 받고 있는 인지행동치료에서 제3의 흐름으로 불교에서 기원한 "마음챙김" 명상을 기반으로 하는 치료법이 크게 관심을 끌고 있다. 이것은 이고득락離苦得樂으로 가는데 집중定과 알아차림慧을 두 가지 수행으로 비유한 불교 수행의 핵심이 2,500년이 지난 오늘날의 서양 심리학자나 정신치료자들에 의해 주목을 받고 있다는 것이다.

이 책을 쓰는 데 힘과 용기를 준 분들이 너무나 많다. 고 정양은 선생님은 학부 시절부터 지금에 이르기까지 심리학의 큰 스승님이셨다. 선생님의 따뜻한 지도와 배려로 이곳까지 왔다. 참으로 잊을 수 없다. 다음으로 뇌 과학을 공부할 수 있도록 배려해 주시고 세계적인 논문을 여러 편 함께 발표하여 생리심리학 교과서에까지도 이름을 남기게 해 주신 세계적인 신경과학자 김철 선생님의 인자하시고 순결하신 모습이 뇌리에 남아 있다.

대학 때부터 심리학과 불교 공부 그리고 명상을 함께해 온 평생의 도반 윤호균 교수, 한결같이 따뜻하면서도 성실하고 엄격한 모습은 언제 보아도 고귀한 벗이다. 그의 끊임없는 관심과 격려가 없었다면 여기까지 오지 못했을 것이다. 최근 몇 년 동안 뜻을 같이하여 한국명상치유학회를 만들어 함께 이끌어 온 도반들, 이봉건 회장을 비롯하여 정애자, 고형일, 조옥경, 김완석, 김정모, 장연집, 박경, 조용래 등의 교수들, 한국에 통합의학을 세우기 위해 뜻을 함께한 가톨릭 의과대학

책머리에

통합의학교실의 변광호, 김경수, 심인섭 교수, 한의학에서 MBSR의 도입을 위해 노력하신 경희대 김종우 교수 등 많은 의사, 한의사 분들의 도움에도 감사를 드린다.

특별한 도움으로 2006년 KBS-1 TV 특별기획 6부작 "마음"이란 다큐멘터리의 제작 과정에서부터 통합의학의 강의 그리고 마음챙김 명상(MBSR)의 환자 치료 과정까지를 방영해 주신 이영돈 PD의 배려에도 감사드린다. 그리고 2006년 서울 불광사에서 행한 강연의 내용을 불교텔레비전에 여러 차례 방영해 주어 명상과 심신 치유의 의미를 대중에게 각인시켜 준 불광사 회주 지흥 스님과 불교텔레비전 관계자에게도 감사드린다. 또한 이 책을 출판해 주신 불광출판사의 류지호 주간님 그리고 편집진 여러분께도 감사드린다. 끝으로 이 책의 중요 내용을 이루는 벤슨과 카밧진의 여러 책을 함께 번역하면서 뒷받침해 준 큰딸 주영을 비롯한 가족들의 후원과 지루한 작업을 마다치 않고 도와준 김윤진 양과 원고 교정을 도와준 내자 조미향에게도 감사드린다.

2009년 9월 21일
장 현 갑

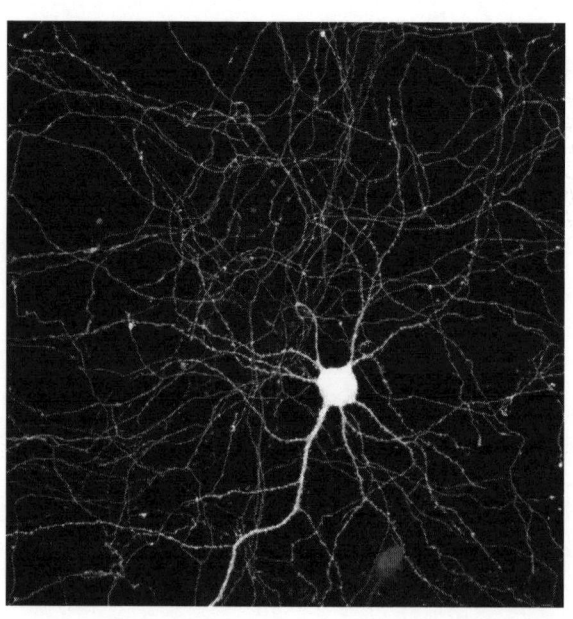

1장
마음에 반응하는 뇌와 몸

1.
상상이 실재다

1962년 데이비드 린$^{David\ Lean}$이 감독하고 피터 오툴$^{Peter\ Seamus\ O'Toole}$이 열연한 사막 영화의 고전 〈아라비아의 로렌스$^{Lawrence\ of\ Arabia}$〉가 개봉됐다. 이 영화가 개봉되자 당시 세계 도처의 영화관에서는 기이한 일들이 벌어졌다. 극장마다 휴식 시간(이 영화의 런닝타임은 4시간에 가깝기 때문에 중간에 휴식 시간을 준다. – 편집자 주)에 매점 앞에는 음료수를 사려는 관객들로 인산인해를 이루었다. 관객들은 스크린 위로 펼쳐진 뜨거운 사막의 모랫바람에 빠져들어 심한 갈증을 느꼈기

상상이 실재다

영화 〈아라비아의 로렌스〉의 한 장면

때문이다.

관객들의 몸에서 수분이 빠져나간 것도 아닌데 장면 속의 메마른 광경에 심취한 나머지 마치 자신들이 아라비아의 모래사막을 헤매고 있는 양, 스스로의 몸을 착각에 빠져들도록 만들어 버린 것이다. 그 결과 견딜 수 없는 갈증을 느낀 것이다. 이처럼 목마름, 배고픔, 그 밖의 다양한 신체 반응은 외적으로 존재하는 실재만이 아니라 우리 스스로 무엇을 실재라고 믿게 하는 상상에 크게 의존하고 있다.

이와 같이 마음이 몸에 미치는 극적인 영향을 잘 드러내 보이는 특이한 현상에 대해 좀 더 살펴보기로 하자. 먼저 꿈이 신체에 미치는 영향을 살펴보고, 다음으로 상상임신 pseudocyesis이라는 기이한 현상에 관해 살펴보자.

20세기 초 어떤 의사는 사람들이 새벽 5시에서 6시 사이에 많이 사망한다는 것을 관찰했다. 수면 중에 협심증 angina pectoris이 발생하여 갑자기 잠에서 깨어나려고 할 때 사망하더라는 것이다. 이 점에 착안해서 노울린 J.B.Nowlin이라는 의사는 심전도(ECG) 검사를 사용하여 더욱 세밀하고 체계적으로 이 현상을 관찰했다. 그는 수면 중 협심증 발작에 따른 급사는 꿈의 내용과 매우 밀접한 관련이 있다는 것을 알게 되었다. 즉, 협심증 발작 때문에 잠자다 깨어난 환자는 격렬한 신체적 활동을 하고 있는 꿈을 꾸었거나 두려움이나 분노와 같은 불쾌한 감정을 느끼는 꿈을 꾸었다는 것이다.

물론 꿈을 꾸지 않는 상태에서도 협심증 발작은 일어날 수 있지만 꿈이 협심증을 야기하는 중요 원인이 된다는 근거는 많다. 그 이유는 무엇일까? 우리가 꿈꿀 때 일어나는 일들을 마치 실제 일어나는 일로 믿게 되면 그에 따라 몸이 반응하기 때문이다. 우리가 꿈속에서 무언가에 쫓겨 전력 질주하면 비록 몸은 잠든 채 누워 있어도 실제로 질주하는 것과 같은 신체적 반응이 일어난다.

암스트롱R.H.Armstrong 박사가 십이지장궤양 환자를 대상으로 관찰한 연구를 보면 꿈은 위산 분비 증가와도 매우 밀접한 관련이 있다. 연구에 따르면 다섯 명의 십이지장궤양 환자들 중 네 명이 꿈을 꾸는 시간에 위산 분비가 현저하게 증가되더라는 것이다. 비록 전부는 아니더라도 많은 십이지장궤양 환자들은 꿈꾸는 동안 위산 분비가 증가되며, 꿈을 꾸지 않는 시기에는 눈에 띌 정도로 위산 분비 증가 현상이 관찰되지 않는다고 한다.

믿음과 신체가 얼마나 밀접한 관련을 맺고 있는지에 대한 또 다른 예로 "상상임신"을 들 수 있다. 상상임신이란 자신이 임신하였다는 믿음에 따라 실제 임신과 유사한 다양한 신체적 증상이 실제로 나타나는 것을 두고 한 말이다. 상상임신은 심신 관계를 가장 극명하게 설명해 줄 수 있는 오래된 사례로, 기원전 300여 년경 서양의

상상이 실재다

학의 창설자인 히포크라테스에 의해서도 언급된 바 있다고 한다. 전해 오는 이야기에 의하면 히포크라테스는 환자 자신이 임신했다고 믿어 월경이 중단되고, 자궁이 부풀어 오른 여성 환자 12명에 대한 기록을 남겨 놓았다고 한다. 16세기 영국 여왕으로 "피의 메리"라 불렸던 악명 높은 메리 튜더Mary Tudor는 상상임신을 여러 번 반복하였는데, 임신 증상이 9개월씩이나 지속되었으며 마침내 두 번의 상상분만으로 상상임신의 절정을 이루었다고 역사는 말한다.

오늘날에도 상상임신은 계속되고 있다. 생리 불순과 하복부 팽만 같은 증상은 정상적인 임신과 극히 유사할 정도로 흔히 일어나는 일이고, 경우에 따라서는 유방의 크기와 형태, 나아가 유방 조직의 변화까지도 일어나며, 실제로 모유까지 분비하는 경우도 있다고 한다. 심지어는 상상임신 4~5개월쯤 되면 태아의 움직임조차 감지할 수 있다고 주장하기도 한다. 어떤 환자들의 경우는 상상임신의 증상이 너무나 생생하여 의사들조차 오진하게 만든다.

상상임신의 정확한 원인은 아직 명확하게 밝혀지지 않았지만 가장 두드러진 이유 중 하나는 아기를 갖고 싶어하는 강력한 욕망 때문이라고 한다. 예컨대 아기를 갖고 싶은 욕망이 지극하면 이것이 뇌의 일부인 시상하부와 뇌하수체에 생식이나 임신과 관련된 호르몬의 분비에 변화를 일으켜 상상임신에 따른 일련의 생리적 특징 변화를 일으키는 것이다.

앞서 본 꿈속의 협심증 발병 그리고 상상임신과 같은 현상은 심리적인 믿음이 신체에 얼마나 강렬한 영향력을 행사하고 있는가를 극명하게 드러내 보이는 예이다. 그런데 정작 협심증이 일어나는 심장 부위나 상상임신이 일어나는 자궁 부위에는 눈과 귀와 같은 특별한 감각을 수용하는 수용기가 존재하지 않는다. 오직 이들 장기의 기능을 지배하는 것은 내분비기관이나 뇌에서 전달되어 오는 호르몬이나 신경전달물질과 같은 화학적 신호들이다. 이처럼 우리 몸에 있는 수많은 장기들은 우리 마음이 실제라고 믿고 이들 장기에 전달해 주는 화학적 신호에 따라 충실하게 반응한다. 두려움을 느낀다면 심장이 두근거리고, 불안하고 긴장감을 느끼게 되면 온몸이 안절부절못하고 소화기도 안절부절못해 설사가 나오는 것쯤은 누구나 다 경험해 알고 있는 것이다.

2.
믿음에 따른 뇌의 반응

성인의 뇌는 1.4킬로그램 정도의 주먹만 한 크기인데 그것은 무려 1천억 개(어떤 뇌 과학자는 무려 1조라고 말한다.) 이상의 뉴런neuron 또는 신경원(신경세포)이라 불리는 세포들의 덩어리로 구성되어 있다. 우리가 무언가 새로운 것을 학습할 때는 이들 신경원들 사이에 새로운 회로의 연결이 이루어진다. 아기가 세상에 태어나 엄마와 같은 특정한 얼굴을 계속 접하게 되면 엄마 모습에 대한 특정한 뇌 회로가 생기게 되고, 같은 이치로 아버지, 언니, 동생 등 가족 하나하나에 대한 독특한 모습의 뇌 회로가 만들어진다. 이때부터 아기는 매번 이 사람이 엄마인지 아빠인지에 대해 새로운 뇌 회로를 만들 필요 없이 이미 만들어진 특정 뇌 회로를 반복적으로 사용하면 된다.

새로운 뇌 회로를 만드는 데는 많은 요인들이 작용한다. 유전적 요인, 나이에 따른 신경계의 발달 정도, 내외의 환경조건, 영양 상태, 건강 상태 등등 무수한 요인들이 작용한다. 그러나 보다 중요한 점은 우리의 뇌가 새로운 정보를 수취하여 이를 간직하는 새로운 뇌 회로를 만들어 낼 수 있는 기본 능력이다. 일반적으로 나이가 들어가면서는 새로운 뇌 회로를 만들기가 어려워진다. 그러므로 나이 든 사람은 젊은 사람처럼 기민하게 새로운 사실을 학습하는 것이 어려워진다. 또 교통사고, 뇌졸중, 뇌경화와 같은 뇌의 질병에 의해 이미 형성된 뇌 회로가 파괴되기도 하고, 어떤 이유인지 분명하진 않지만 뇌세포가 죽어서 뇌 회로가 퇴화되는 치매가 발생하기도 한다. 이런 뇌 회로의 파괴 또는 절단이 바로 기억상실 또는 기억장애의 원인이고 치매의 원인이 되는 것이다.

뇌의 작용을 뇌 회로의 작용으로 비유해 보는 것은 자칫 뇌가 단순한 전기적 회로나 컴퓨터에 불과한 물질적인 것으로 오인되게 할 우려도 있다. 그러나 하나의 신경세포 안에서 또는 신경세포들 사이의 소통을 전기적 임펄스나 화학적 물질인 신경전달물질의 작용으로 설명하는데, 이런 전기적 또는 화학적 작용이 우리의 사고 과정에 중요한 역할을 한다는 것은 이미 과학적으로 입증된 사실이기 때문에 이를 받아들여야 마땅하다.

이러한 과학적 사실을 염두에 두면서 우리 몸의 작용이 학습을 통해 기억을 하게 되는 경우를 생각해 보자. 예컨대 어떤 독특한 냄새가 나는 음식을 먹고 식중독에 걸렸던 경험이 있다면 그 독특한 냄새와 식중독에 의한 고통 발생 사이에는 어

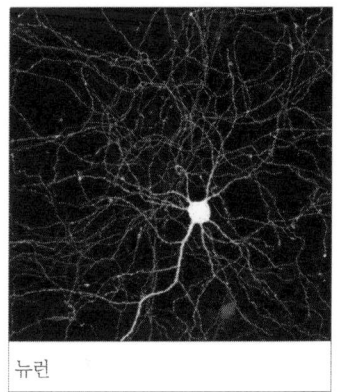
뉴런

떤 연관이 있다고 믿게 될 것이다. 그 후에는 그 냄새가 나는 음식은 입에도 대지 않고 단지 냄새만 맡아도 구역질이 나고, 심한 경우 구토까지 하게 될 수도 있다. 이것은 우리의 뇌가 어떤 독특한 냄새를 기억해 내 구역질과 구토 반응을 유발하기 때문이다. 이런 경우 실제로 먹었던 그 음식물이 위나 장에까지 도달했는가의 여부와 상관없다. 독특한 그 냄새만으로도 뇌 속에 간직되어 있는 특정한 뇌 회로의 활동을 촉발시키기에 충분하기 때문이다.

앞서 본 것처럼 마음이 몸에 미치는 영향이 부정적인 경우도 있지만 반대로 긍정적인 경우도 있다. 예컨대 예쁜 꽃으로 치장되어 있는 방에 들어가면 기분이 몹시 즐거워진다. 그러나 나중에 치장한 그 꽃들이 모두 조화였다는 것을 알고 나서부터는 기분이 별로다. 만약 이런 사실을 끝내 몰랐다면 계속 기분이 좋았을 텐데 알고 보니 속았다는 마음이 들어 똑같은 것을 두고 기분이 좋았다가 나빠졌

다 하기도 한다.

　이처럼 마음의 힘은 건강의 유지나 질병의 치료 모두에 중요한 작용을 한다. 긴장과 불안에 대한 약물을 처방받은 환자가 있다고 하자. 의사가 그 약을 항상 가지고 다니다가 꼭 필요할 때만 복용하라고 했다면 그 환자는 비록 약을 복용하지 않아도 한결 긴장이나 불안이 덜해지는 것을 느낄 것이다. 이 환자는 단지 약을 주머니에 넣고 다니는 것만으로도 마음이 안정되고, 드디어는 아예 약을 먹지 않아도 저절로 치료되는 단계에까지 이를 수 있다. 긴장이나 불안이 느껴지면 주머니 속에 들어 있는 그 약을 생각하는 것만으로도 약을 복용한 것과 마찬가지로 뇌의 회로가 작동되기 때문이다. 사실 다양한 질병을 앓고 있는 환자들이 약물 작용이 전혀 없는 가짜 약偽藥 즉 플라시보placebo를 처방받고 이를 복용했음에도 실제 약리적 작용을 하는 약을 복용한 환자들과 마찬가지의 효과를 보이곤 한다.

　다음과 같은 경우를 생각해 볼 수 있다. 몸이 이곳저곳 불편해 의사를 찾은 환자가 있다. 의사가 몇 가지 검사를 해보아도 병의 원인을 끄집어낼 만한 뚜렷한 원인을 못 찾을 때 의사는 환자에게 별 탈 없으니 좀 쉬면 나을 것이라고 말해 준다. 이 말을 들은 환자는 병원 문을 나가자마자 한결 마음이 상쾌해지고 조만간 몸도 거뜬하게 좋아졌다고 한다. 바로 이 환자의 경우 의사가 자기에게 어떤 약도 처방해 주지 않았고 어떤 외과적 시술도 해주지 않았지만 고통의 치료에 훨씬 더 중요한 무엇인가를 해준 것으로 믿고 있는 것이다. 즉, 환자에게 곧 낫는다는 확신을 심어 주어 환자의 마음속에 나을

믿음에 따른 뇌의 반응

것이란 희망의 뇌 회로를 작동시켜 준 것이다. 즉 걱정에 따른 악순환의 뇌 회로를 희망의 뇌 회로로 대치시켜 준 것이다.

이런 현상을 위약 효과 또는 플라시보 효과라고 부른다. 의사가 환자에게 말로써 위로하고 확신을 시켜주는 것만으로도 어떤 특별한 의학적 치료 없이 신체적인 변화를 야기하는 현상을 두고 하는 말이다. 환자가 의사를 신뢰하고, 의사가 자신의 병을 치료해 줄 것이라는 데에 확고한 신념이 있을 때 일어나는 변화인 것이다.

물론 병의 원인이 생물학적 조직 손상에 의한 것이거나 특정 세균에 감염된 것이라면 의사가 나을 것이란 심리적 확신을 심어주는 것만으로는 부족하다. 이때는 약물이나 수술과 같은 방법을 사용해야 한다. 하지만 실제로 병원을 찾는 환자 중 75퍼센트는 특정 처방 없이 스스로 나을 수 있는 환자라고 한다. 나머지 25퍼센트의 질병만이 현대 의학으로 치료할 수 있는 질병이라는 결론이 나온다. 하버드 의대 순환기내과 교수로서 하버드 의대 심신의학 연구소 소장으로 있는 벤슨Herbert Benson 박사는 플라시보 효과의 힘, 즉 심신 치료가 특별한 의학적 치료법에 반응하지 않는 75퍼센트에 이르는 환자들의 질병 치료에 가장 중요한 역할을 한다는 것을 강조하였다. 그는 나머지 25퍼센트의 환자들에게서도 플라시보 효과를 통해 전통적인 의학적 치료가 더 큰 효과를 거둘 수 있다는 사실을 강조했다. (플라시보의 효과에 대해서는 뒤에서 보다 자세하게 언급할 것이다.)

이처럼 질병을 경감하거나 악화시키는 데 있어 뇌가 담당하는 역할을 잘 이해하려면 마음과 뇌의 관계에 대한 이해가 중요하다.

어떠한 치료법이라도 환자가 의사에 대해 깊은 신뢰를 하고 있을 때 치료의 효과가 극대화된다. 비록 의사가 아니더라도 보다 따뜻하게 신뢰할 수 있는 사람, 예컨대 부모, 카운슬러, 목사, 신부, 승려 등의 배려나 보다 높은 차원의 영적인 존재가 자신의 신체(육신)에 작용하고 있다는 깊은 믿음을 가진다면 치료의 효과가 훨씬 더 잘 나타난다. 가장 중요한 것은 치료가 될 것이라는 강력한 믿음이다.

3.
마음과 몸은 어떤 관계인가?

사랑하는 연인을 생각할 때의 따뜻한 마음에서부터 원수 같은 미운 사람을 마주칠 때 느끼는 격렬한 분노감에 이르기까지, 다양한 마음의 상태가 우리의 몸을 흔들어 놓는다. 그러면 도대체 어떤 경로를 따라 마음에서 일어난 변화가 몸의 변화를 일으킨단 말인가? 과연 마음과 뇌 또는 몸과는 어떤 관계에 있을까? 이른바 "심신 관계론 Mind Body problem"이라 부르는 이 논쟁은 철학 사상 가장 뜨거웠고 오래된 논쟁 중의 하나였다.

마음 vs 뇌

갈렌Claudius Galen
감정(마음)이 부조화를 이 룰 때 질병이 생기는데, 그 대표적인 예로 갈렌은 여성의 우울증을 들었다.

마음과 건강과의 담론 속에 가장 관심을 끄는 문제는 마음의 어떤 작용이 신체 기능에 이상을 초래하여 질병을 야기할 수 있는지, 또는 그 역으로 어떤 마음의 작용이 신체의 질병을 치료할 수 있는지와 같은 물음들이다. 기원전 4세기경 의학의 창시자로 불리는 희랍의 의사 히포크라테스Hippocrates는 "마음, 신체 그리고 환경이 조화롭게 균형을 유지하는 것"이 건강이라고 정의했다. 반대로 이 3자의 균형이 깨어지는 것이 바로 질병이며, 본래의 균형으로 되돌아가는 것이 질병의 치유인데, 그 치유의 주역은 "자연"이라고 보았다. 그래서 그는 "자연은 질병의 치유자Nature is the healer of disease"라고 불렀다.

이런 견해에 따라 기원후 2세기경 희랍의 전설적 의사 갈렌Claudius Galen은 감정(마음)이 부조화를 이룰 때 질병이 생기는데, 그 대표적인 예로 여성의 우울증을 들었다. 우울증을 보이는 여성은 유방암에 잘 걸리게 된다는 것이다. 르네상스 시대의 토마스 시드넘Thomas Sydenham이라는 의사는 히포크라테스의 "자연 치유력"을 더욱 확신하고, 건강과 질병은 외적인 힘의 작용에 대한 내적 적응력으로 결정된다고 믿었다. 20세기 초 위대한 생리학자 월터 캐논Walter B.Cannon은 유기체가 급작스런 위협에 직면했을 때 신체가 나타내 보이는 위기 반응을 "투쟁 또는 도피반응"이라고 불렀다. 위기 반응이 일어날 때는 부신이라는 내분비선에서 에피네프린(또는 아드레날린이라고 함)이라는 스트레스 호르몬이 분비된다. 이 호르몬이 분비되면, 심장 박동률, 혈압, 혈당, 근육의 긴장 등이 증가되고, 위나 장의 운동은 일시적으로 멈추게 되는 생리적 반응이 일어난다. 그리고 불안, 공포, 긴장, 주의력 산만과 같은 일련의 심리적 반응이 일어나게 되는데, 이러한 일련의 심신에 걸친 반응을 통칭하여 스트레스 반응이라고 했다.

그런데 스트레스 상황이 장기간 작용하는 만성 스트레스 사태를 만나게 되면 위기 시에 잠깐 반응했던 스트레스 반응이 되풀이된다. 예컨대 매일같이 마감 시간에 쫓겨 일하고 있는 직장인이나 오랫동안 심각한 갈등 관계에 있는 부부는 만성 스트레스에 노출되어 있는 사람들이다. 이런 사람들은 위에서 본 일시적 스트레스 반응이 계속하여 되풀이되기 때문에 결국 스트레스 관련 질병 또는 만성병에 걸리기 쉽다. 만성 스트레스를 받는 사람은 면역계의 활동이 약화되기 때문에 감기나 인플루엔자 또는 암과 같은 심각한 질병에 걸리기 쉽고, 콜레스테롤 수준이 증가되어 고지혈증이 발생하고, 뼛속에서 칼슘이 빠져나가는 골다공증이 생기기 쉬우며, 혈압 상승이 지속되어 고혈압이 되고, 근육의 긴장이 지속적으로 증가됨으로 해서 편두통, 근육통 등의 만성통증에 걸리기 쉽다. 또 만성 스트레스 하에서는 소화기의 활동이 원활하지 못하여 설사나 변비 또는 위경련이나 소화기 궤양에 걸리기 쉽고, 심장 박동이 불규칙하게 되어 부정맥, 협심증 또는 심근경색증에 걸리기 쉽다.

　최근에는 스트레스와 신체 질병 발생 간의 관계가 보다 소상하게 이해되고 있다. 최근의 연구들은 특히 만성 스트레스 하에서는 부신피질이란 곳에서 코티졸이라는 스트레스 호르몬이 분비되어 면역 세포의 기능을 약화시켜 암 발생을 촉진시키고, 당뇨병과 갑상선 질환과 같은 내분비 호르몬의 질병과 대사장애증후군을 촉발시킨다는 것을 밝혔다. 만성 스트레스는 식욕부진, 공황발작, 우울증, 불면증, 불안 노이로제, 강박증과 같은 정신적 장애의 발생에 이르기까지 광범위하게 영향을 미친다는 것이 밝혀지게 되었다. 이처럼 장기간에 걸쳐 작용하는 만성 스트레스는 온갖 종류의 스트레스 관련 증후군 또는 만성질환을 초래하기 쉽다. 그런데 오늘날 병원 외래를 찾는 환자의 80퍼센트 정도가 바로 이런 환자들이라 한다.

4. 특별한 질병에 잘 걸리는 특별한 성격

비록 똑같은 스트레스 상황에 놓여 있다 하더라도 스트레스에 반응하는 정도는 사람마다 다르다. 똑같은 스트레스 상황에 대해 사람마다 평가하는 정도와 방식이 다르다 보니 스트레스에 대처하는 반응이 다른 것이다. 그러므로 이런 개인차 때문에 특정한 질병에 잘 걸릴 수 있는 특별한 성격이 따로 있을 것이라는 생각이 등장하게 되었다.

1950년대 유행했던 한 견해에 따르면 류마티스성 관절염은 매우 순종적이며 완벽성을 보이고, 추종적이면서 과민하고, 불안해하는 사람들에게 잘 나타난다고 보았다. 한편, 암과 같은 질병은 비주장적이고 감정을 잘 표현하지 못하며 쉽게 절망감을 갖는 성격과 관련이 있을 것이라고 생각했다. 그 밖에 천식, 위궤양, 편두통의 발생도 특정한 성격과 관련 있을 것으로 생각했다. 그러나 이런 견해를 확실한 과학적 증거로 뒷받침할 수는 없었다.

    1960년대 이후부터는 심장병이나 암과 같은 스트레스 관련 질병의 발생과 특정 타입의 성격과 상관이 있다는 주장이 강력하게 대두되었다. 1960년대 미국 샌프란시스코의 유명한 심장병 의사인 프리드만과 로젠만Friedman & Rosenman은 그들이 치료했던 대부분의 심장병 환자가 몹시 서두르고, 아무 때나 화를 잘 내고, 극심한 도전성과 강한 경쟁심, 그리고 높은 성취욕과 같은 행동 특징을 보여준다는 데 주목하였다. 그래서 그들은 이런 성격 특징을 "타입 A 행동양상Type A Behavior Pattern"이라고 불렀다. 타입 A는 흔히 성질이 몹시 급해 쉽게 화를 잘 내는 사람을 말한다.

    반면에 평소 서두르지 않고 느긋하며, 화를 잘 내지도 않고, 평온하면서 특별한 경쟁심도 잘 보이지 않는 사람을 타입 B라고 부르는데 이들은 스트레스에 잘 적응한다. 타입 A가 타입 B에 비해 약 2배 이상의 심근경색증을 잘 보인다는 증거는 여러 사람에 의해 지지되었으므로 타입 A와 심장병 발생과의 상관관계는 설득력 있는 견해로 수용되었다.

특별한 질병에 잘 걸리는 특별한 성격

타입 C는 흔히 남들이 "착한 사람" 또는 "좋은 사람"이라고 말하는 성격이다. 이들은 자기희생이 강한 반면에 결단성이 없어 우유부단하고, 부정적인 감정을 잘 표현하지 않고 억눌러 참아 버리는 성격 특징인데, 암이 잘 발생되는 성격이란 것이다. 과거 전통적인 한국 사회에서 화를 억지로 참음으로써 생긴 "화병"이란 한국인 특유의 병이 아마 타입 C와 유사하지 않을까 생각된다.

마지막으로 타입 D라는 성격 패턴도 최근에 등장되었는데, 이 타입의 성격은 분노감이나 불안감 등과 같은 불쾌한 감정을 억누르는 성향이 있으면서 다른 사람들과는 인간관계를 잘 맺지 않고 소외감을 느끼며 말수가 적은 성격이다. 타입 D는 관상동맥 심장병이나 뇌졸중과 같은 허혈성 순환기 장애에 취약하다고 한다.

최근에는 특정 질병에 잘 걸리는 특정 성격보다는 일반적으로 질병에 잘 걸리는 "질병-경향성 성격 유형disease-prone, personality type"이라는 개념이 주목을 끈다. 질병-경향성 성격 유형이란 우울, 분노, 적개심, 불안과 같은 부정적 정서 감정을 특징적으로 갖는 사람을 말하는데, 이런 정서 특성을 가진 사람들은 각종 질병에 걸릴 위험성이 높다.

저명한 신경과학자 캔더스 퍼트Candace Pert 박사는 불안, 우울, 적개심과 같은 부정적 정서 상태가 면역계통에 직접 영향을 미쳐 질병을 야기할 수 있다는 가설을 제기하였다. 이 가설은 정서와 질병 발생을 연결시켜 설명하는 새로운 개념으로 주목을 끌고 있다.

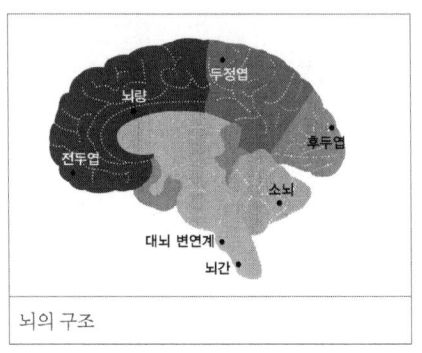

뇌의 구조

뇌세포가 특정 호르몬이나 특정 신경전달물질과 같은 화학적 물질에 반응하는 것은 뇌세포의 분자막 특성에 따른다. 감정을 주로 조정하는 뇌중추는 변연계limbic system라고 부르는 구피질 구조인데 이곳에 있는 신경세포들은 신경펩티드neuropeptide라는 물질에 민감하게 반응하는 수용기를 갖고 있다.

이 신경펩티드라는 물질은 어떤 특정 신경세포의 반응 방식을 조절하도록 하는 특별한 종류의 화학물질이다. 신경펩티드 가운데 가장 잘 알려진 물질이 바로 유명한 엔도르핀endorphines이다. 엔도르핀은 모르핀과 유사한 물질로서 뇌가 스스로 만들어 내는 아편성 물질인데, 1974년 존스 홉킨스 대학의 퍼트와 신더Pert & Synder가 뇌 속에 엔도르핀 수용기가 있다는 것을 처음 발견하였다. 아편성 수용기가 뇌 속에 존재한다는 것이 밝혀진 후부터 뇌의 신비가 많이 풀려 나갔다.

엔도르핀과 같은 신경펩티드에 대한 수용기가 변연계에 특별히 많이 분포되어 있다는 것은 변연계가 정서 반응에 주도적 역할을 한다는 것을 의미한다. 퍼트 박사는 신경펩티드가 면역계에 강력한 영향을 미친다고 주장한다.

특별한 질병에 잘 걸리는 특별한 성격

　면역세포들도 신경세포처럼 엔도르핀과 같은 신경펩티드를 받아들이는 수용기를 갖고 있다는 것이 최근에 들어 입증되어 가면서 부정적 정서가 펩티드를 거쳐 면역세포에 영향을 줌으로 질병을 야기할 수 있다는 퍼트 박사의 가설은 더욱 설득력을 갖게 되었다. 나아가 퍼트 박사의 가설은 감정과 신경 활동 그리고 면역 활동 간에 연결고리를 설명할 수 있는 진일보한 심신 관계 이론이다. 퍼트 박사의 이 가설은 신생 과학으로서 정신신경면역학의 입장을 보다 굳건하게 해주는 토대이기도 하다. 정신신경면역학에 대해서는 뒤에 가서 보다 자세하게 다룰 것이다.

5.
정서가 면역계에 영향을 미치는 방법

우리는 퍼트 박사의 가설을 통해 부정적 정서가 면역계에 영향을 미쳐 질병 발생을 야기할 수 있음을 살펴보았다. 퍼트 박사의 가설이 제시된 후 많은 신경과학자들은 면역계가 뇌와 신체 건강 사이에 중요한 연결 통로를 마련해 줄 수 있다는 증거를 찾으려 했다.

이런 노력들 가운데는 오랫동안 스트레스를 주는 생활 사건들의 경험과 암과 자가면역 장애와 같은 면역 장애 질병 발생 사이의 상관관계를 암시해 주는 연구들이 보고되었다. 그러나 이 분야의 연

정서가 면역계에 영향을 미치는 방법

구들은 아직 신뢰할 만한 임상 연구가 부족하고 뇌와 면역계를 구체적으로 연결해 줄 만한 뚜렷한 생물학적 기제도 밝혀내지 못했기 때문에 아직 어떤 확고한 견해가 정립되었다고 단언하긴 어렵다.

그런데 마음과 면역계 간의 연결고리는 1970년대 중반 로버트 아더Robert Arder 박사의 우연한 연구에서 시작된다. 즉 1974년 로체스터 대학의 심리학자 아더는 흰쥐의 면역계가 조건반응 학습을 할 수 있다는 사실을 발견하였다. 이 발견은 면역계통은 학습이 불가능하다고 믿어 왔던 당시의 신경과학의 견해를 뒤집는 놀라운 발견이었다. 당시까지는 학습이란 뇌와 같은 신경계에서만 일어나는 것이지 세균을 격퇴하는 면역계에서 일어난다는 것은 상상조차 하지 못했다.

여기서 아더 박사의 역사적인 실험 내용을 간단하게 살펴보자. 먼저 쥐에게 달콤한 사카린 물에 대한 혐오 반응을 학습시키기 위해 파블로프식의 조건반응 학습을 시켰다. 그래서 먼저 쥐에게 사카린 물을 마시게 한 후 잇달아 구토가 일어나게 하는 사이크로포스파미드란 구토제를 주사하였다. 사카린 용액과 구토제를 단 한 번만 결합시켜 주어도 쥐는 사카린 물을 다시는 마시려 하지 않는다. 그런데 심각한 문제가 발생했다. 즉 건강한 쥐들이 단 한 번의 구토제를 주사 받은 후부터 시름시름 병들어 죽어 갔다. 그 이유는 구토제가 바이러스나 감염을 막아 주는 면역세포인 T임파구를 감소시켰기 때문이다.

그 후 아더 박사는 구토제는 주지 않고 오직 무해한 사카린 물만 주어도 T임파구가 감소된다는 것을 알게 되었다. 이 현상은 사카린이라는 맛과 T임파구의 감소 간에 연합이 이루어진 것을 의미한다. 그래서 이 쥐는 사카린 물만 주어도 마치 구토제를 주사 받았을 때처럼 면역계의 감소 반응을 일으켜 질병에 취약하게 되었고 끝내는 병들어 죽게 된 것이다. 이처럼 면역계도 조건반응 학습이 이루어진다는 것이 밝혀진 것이다.

그 후 아더 박사는 뇌 중추와 면역 중추 간에 어떤 신경학적 연결이 이루어져 있는가를 밝히기 위해 같은 대학의 면역학자 니콜라스 코헨Nicholas Cohen 박사와 공동 연구를 실시하였다. 이들은 일련의 정교한 실험을 통해 마치 개에게 종소리(조건자극)를 들려준 후 잇달아 먹이(무조건자극)를 주는 조건을 몇 번만 짝을 지어 주면 종소리만 들려주어도 침을 흘리게 된다는 조건반사와 같은 것이 면역계에서도 일어날 수 있다는 사실을 발견했다.

이런 유의 실험결과가 축적되면서 중추신경계(뇌)와 면역계 간에는 어떤 생물학적 연결 통로가 있다는 것이 밝혀졌다. 이런 발견들을 바탕으로 하여 정신신경면역학psychoneuroimmunology: PNI이라는 새로운 과학이 탄생된다. 즉 마음psycho과 신경neuro과 면역immune이 서로 연결되어 있다는 것이다.

PNI의 등장으로 마음과 몸이 서로 어떤 관계에 있는가라는 주제를 두고 그토록 오랫동안 뜨겁게 논쟁되어 왔던 심신 관계 문제에

정서가 면역계에 영향을 미치는 방법

새로운 지평이 열리게 되었고, 오랫동안 불쾌한 스트레스를 받았을 때 또는 우울한 감정 상태가 지속되었을 때 몸에 어떤 변화가 일어나 질병으로까지 확대되어 가는가를 이해하는 데 큰 도움을 받게 되었다.

우리 몸은 60조 내지 70조로 추정되는 천문학적으로 많은 세포로 구성되어 있다고 한다. 평소 T임파구와 같은 면역세포는 체세포 하나하나와 개별 접촉해가면서 온몸을 순찰한다. 순찰 중인 면역세포가 접촉하는 하나하나의 세포가 자기 자신의 몸속에 이미 존재하는 친숙한 세포라고 인지되는 경우에는 바로 떠나가지만, 인지가 되지 않는 낯선 세포이면(종양세포나 바이러스에 감염된 세포인 경우) 그 세포에 계속 머물면서 낯선 그 세포와 싸움을 벌이게 된다. 이 싸움에서 힘이 모자라게 되면 다른 종류의 면역세포의 도움을 받아 치열한 싸움을 전개한다. 대개의 경우 이런 식으로 싸워 낯선 종양세포를 격퇴하면 건강한 상태를 유지해 간다. 하지만 스트레스를 많이 받게 되면 면역계의 순찰 기능이 약화되어 낯선 세포를 잘 찾아내지 못하게 되어서 종양세포가 힘을 키워 암으로 발전할 수 있는 것이다.

극심한 스트레스 상황은 면역계에 변화를 일으킨다고 해도, 일상적으로 자질구레한 삶의 스트레스가 면역계에 나쁜 영향을 주어 건강에 해를 끼친다고 생각하는 것은 지나치다고 여길 수도 있다. 과연 삶 속에서 만나는 자질구레한 스트레스 사건들도 건강에 나쁜 영향을 줄까? 오하이오 주립대의 키콜트 글래서 Kiecolt-Glaser 박사는 여성 심리학자로 아내이고, 로날드 글래서Ronald Glaser 박사는 면역학자로 남편이다. 이 부부는 1982년부터 일상생활의 스트레스와 면역 활동 간의 상관관계를 계속하여 연구해 왔다. 이 부부는 만약 스트레스가 면역 기능을 약화시켜 가볍게는 감기부터 심하게는 암까지 포함하는 감염성 질환의 발생에 위험 요인이 된다면, 일상적인 스트레스조차도 면역 변화를 야기할 것인지 여부를 알아보고자 했다. 이 점을 확인하기 위해 글래서 부부는 학업 스트레스를 많이 받고 있는 의과대학 학생을 대상으로 몇 년에 걸쳐 연구했다.

    이 실험에서 학기말 시험을 치르는 7일 동안 학생들의 기초 면역 자료와 기초 심리검사 자료를 수집하여 분석해 보았더니 시험과 같은 스트레스로 인해 면역 기능이 다양하게 영향받는다는 사실을 발견하게 되었다. 즉, 단지 시험을 치르는 7일간이라는 단순한 스트레스 경험에도 종양세포나 바이러스성 감염세포와 싸우는 면역세포인 자연살상세포natural killer cell: NK cell의 활동이 위축되었다. 좀 더 전문적으로 말하면 NK세포의 활동과 성장을 돕는 감마 인터페론gamma interferon이 시험을 치는 7일간 평소에 비해 90퍼센트나 감소하였고, T임파구도 시험 기간 동안 유의미하게 감소된다는 사실을 발견한 것이다.

    최근 이 부부는 학생들의 혈관에 카테타라는 미세한 관을 삽입하고 시험 기간 동안 매 시간 혈액을 채취하여 분석해 보았더니 에피네프린과 노어에피네프린과 같은 스트레스 호르몬이 시험 기간 동안 유의미하게 상승하는 것을 관찰하였다. 이러한 스트레스 호르몬의 분비 증가가 바로 면역세포의 활동 감소와 관련 있다는 것이다. 이 실험은 일상생활에서 사람들이 경험하는 일상적 삶의 스트레스에 우리 신체가 어떻게 반응하는가를 이해하는 데 매우 의미 있는 결과를 보여준 것이다. 시험과 같은 스트레스는 심각한 스트레스 상황이 아님에도 불구하고 면역 기능이 약화된다는 것은 바로 일상생활의 자질구레한 스트레스조차도 신체 건강에 심대한 영향을 줄 수 있음을 시사하는 것이다.

그런데 또 다른 한 연구에서는 시험을 앞두고 있는 의과대 학생 34명을 무선적으로 두 집단으로 나눈 뒤, 한 집단에는 스트레스를 감소시키는 이완반응이란 명상을 시키고, 다른 한 집단은 아무런 심리 훈련도 하지 않게 했다. 그랬더니 훈련 집단원 가운데 오직 열심히 훈련한 학생들에 한해 면역 기능이 유의미하게 상승되는 결과를 얻었다. 이 결과는 명상과 같은 심리 수련을 열심히 하면 면역 기능이 항진된다는 것을 보여주는 것으로, 명상이 스트레스를 대처하는 데 도움이 된다는 것을 증명해 준다.

최근에는 마음챙김 명상이 면역 기능을 향상시키고 암세포의 성장을 저지시킨다는 연구도 많이 보고되었다. 또 사회적 지지와 같은 사랑의 심리 훈련으로 암 환자를 치료했다는 연구 논문들도 잇달아 제시되고 있다. 이런 연구들은 후속하는 장에서 자세하게 다룰 것이다.

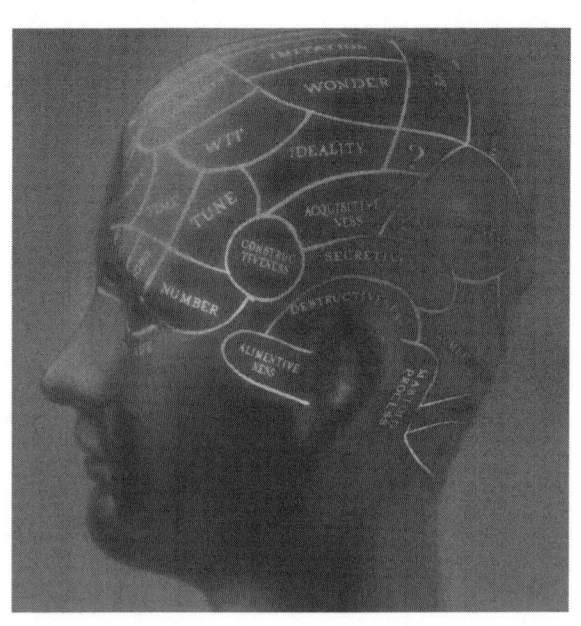

2장

마음으로
뇌의 구조를 바꾼다

1.
뇌도 변화될 수 있는가? : 신경가소성

2004년 10월 제14대 달라이 라마는 인도의 다람살라에서 저명한 신경과학자, 심리학자들과 함께 1주일 동안 "뇌도 변화될 수 있는가? 뇌를 변화시킬 수 있는 마음의 힘은 무엇일까?"라는 주제로 토의를 벌였다. 이 논의의 목적은 뇌의 기능이나 구조가 후천적 경험이나 훈련에 의해 바뀔 수 있을까?라는 문제를 집중적으로 토론하는 것이었다. 이른바 "신경가소성neuroplasticity"이라는 신경과학의 뜨거운 주제를 불교 지도자가 제기하고, 이 주제의 논의에 세계적인

뇌도 변화될 수 있는가? : 신경가소성

신경과학자들과 심리학자들이 참가했다고 해서 전 세계적인 관심거리가 되었다.

당시만 하더라도 뇌의 가소성이라는 말은 주류 신경과학에서는 별로 언급되지 않던 개념이었다. 스페인 출신의 전설적인 신경해부학자 라몬 이 카할Ramon Y Cajal은 1906년 노벨의학상을 받았다. 몇 년이 지난 1913년 그는 뇌를 포함하는 중추신경계를 이루는 신경세포는 유년 시절에 일단 형성되고 나면 그 후부터는 그 구조가 영원히 변할 수 없다고 선언하였다. 카할의 이 선언은 그 후 한 세기 동안 정설로 여겨졌고 의문을 제기하는 사람이 거의 없었다. 다시 말해 성인의 뇌는 형태면에서 고정되어 있기 때문에 후천적 경험에 의해 결코 변화될 수 없다고 생각했다.

그러나 1970년대 이후 동물 실험 결과들이 선보이면서 카할의 선언은 조금씩 도전받게 되었고, 지금에 와서는 폐기되어야 할 처지에 이르게 되었다. 2004년 다람살라로 온 신경과학자들은 몇 년 전 달라이 라마가 제기한 "마음도 뇌를 바꿀 수 있지 않을까?"란 의문을 논의하기 위해 이곳으로 온 것이다. 명상은 오랜 기간 동안 이루어지는 심리 훈련이다. 인간을 대상으로 자연스런 실험을 통해 이런 장기간의 심리 훈련의 효과를 신경과학적으로 알아본다는 것은 매우 의미 있는 일이다.

이날의 모임이 있기 몇 년 전 달라이 라마는 미국의 한 대학병원에서 뇌수술을 받고 있는 장면을 참관한 적이 있었다. 참관이 끝난 후 수술을 집도했던 신경외과 의사들과 뇌와 마음의 관계에 관해 대화를 나누었다. 신경외과 의사들은 지각, 감각 또는 주관적인 경험과 같은 심리적 현상은 뇌의 전기적 화학적 활동에 의해 파생되는 것이라고 설명했다. 그들은 전기적 신호가 시각 담당 뇌 피질을 작동시킬 때 사물을 보게 되며, 신경전달물질이라는 화학적 물질이 변연계라는 뇌 부위를 자극하게 되면 불안이나 공포와 같은 특정한 감정을 경험하게 된다고 설명하였다. 그리고 뇌가 이러한 기능들을 멈추었을 때 의식 또한 함께 사라진다고 설명했다.

그러나 달라이 라마는 신경외과 의사들의 이런 일방향적 설명에 동의할 수 없었다. 비록 감각, 지각, 사고, 감정 등을 뇌 활동의 표현으로 인정한다 하더라도 거꾸로 사고나 감정과 같은 마음이 뇌에 영향을 주어 전기적 화학적 물질 변화를 일으킬 수도 있지 않을까?라고 질문했다. 다시 말해 뇌와 마음 사이에는 뇌가 마음에 영향을 줄 수도 있고, 마음이 뇌에 영향을 줄 수도 있는 양방향성 인과관계가 성립될 수 있지 않을까?라는 의문을 제기한 것이다. 달라이 라마의 이 질문에 그 자리에 있던 한 의사가 "뇌의 물리적 상태가 마음의 상태를 일으키는 것이지, 마음이 물질에 영향을 주는 인과관계는 불가능합니다."라고 대답했다.

그러나 이러한 일방향성 결론에 달라이 라마는 동의할 수가 없었다. 그 후 2000년 다람살라에서 열린 "마음과 생명 협의회" 모임에서 달라이 라마는 신경과학자들에게 이렇게 말했다. "나는 마음

그 자체와 특별한 생각이 뇌에 직접 영향을 미칠 수 있을 것이라는 데 흥미를 갖고 있습니다. 이것은 뇌가 마음에 미치는 일방적 작용뿐만 아니라 정신활동이 뇌에 미치는 작용 또한 고려해야 한다는 뜻입니다."

달라이 라마가 이렇게 말하자 신경과학자이면서 명상 수련 경험이 많은 프란시스코 바렐라Fransisco Valera 박사는 "정신의 상태 또한 뇌의 조건을 틀림없이 바꿀 수 있습니다. 그러나 이런 생각은 지금 학계에서 가정하고 있는 생각과는 판이한 것입니다."라고 말했다.

과연 달라이 라마나 바렐라가 생각하는 것처럼 정신이나 경험과 같은 마음의 상태가 뇌를 바꿀 수 있을 것인가? 몇 가지 흥미 있는 실증적 예를 들어보기로 하자.

2.
아인슈타인의 뇌를 해부하다

마리안 다이아몬드Marian Diamond 박사는 버클리 소재의 캘리포니아 대학의 해부학 교수다. 그녀는 사고(생각)와 관련 있는 신경 해부학적 바탕에 관한 가장 위대한 연구를 한 사람이다. 그녀는 나이에 상관없이 생각이나 사고를 많이 하면 할수록 뇌는 구조적으로 더 커지고 기능적으로도 더 좋아진다는 사실을 다양하게 밝혀냈다. 그녀는 건강한 생활 습관을 유지하고 정신적 활동을 계속하는 노인의 뇌는 젊은이의 뇌와 똑같이 활동할 수 있다고 믿는다. 그녀는 노년에 들어서도 계속하여 두뇌를 활용하면 젊은이 못지않은 건강한 뇌를 유지하여 장수할 수 있다고 생각한다.

1980년대 중반 다이아몬드 박사는 알버트 아인슈타인의 뇌를 정밀하게 조사하는 유명한 연구를 주도했다. 신경과학자들은 다이아몬드 박사가 그동안 오랫동안 지속해 왔던 뇌 과학의 수수께끼, 즉 천재의 뇌는 평범한 사람의 뇌와 구조적으로 차이가 있을 것이란 의문을 해소해 줄 것이라 기대했다. 다음에 소개하는 내용은 칼샤 Khalsa 박사가 다이아몬드 박사와 대담한 내용을 기초로 쓴 『뇌 장수법』이라는 책 중 "어떻게 사고가 뇌를 성장시키고 재생시킬 수 있는가?"에서 인용한 것이다.

"아인슈타인은 자신이 깊은 생각에 빠져 있을 때 단어는 별다른 역할을 하지 못하지만 주로 또렷한 신호 sign와 선명한 이미지 image를 조합하여 생각한다고 말한 바 있다. 다시 말해 아인슈타인의 사고는 깊은 추상적 추리에 바탕을 두고 있는 시각적 내용과 관련 있다는 뜻이다.

그래서 다이아몬드 박사는 아인슈타인의 뇌 가운데 심상이나 추상적 추리 기능을 주로 담당한다고 알려진 상부전전두엽 superior prefrontal과 하부두정엽 inferior parietal lobes 부위를 면밀하게 검사하기로 마음먹었다. 다이아몬드 박사는 아인슈타인이 사망했던 나이인 76세와 유사한 나이에 죽은 평범한 남자 11명의 뇌와 아인슈타인의 뇌를 서로 비교했다. 해부해 분석해 본 결과 아인슈타인 박사의 뇌는 한 가지 특징을 제외하고는 평범한 사람들의 뇌와 극히 유사했다. 특이한 점이란 하부두정엽 부위의 뇌세포가 평범한 사람에 비해 유의미하게 더 많았다는 것이다. 이 부위는 해부학적 전문 용어로 "브로드만 39번" 영역이라 부르는 곳인데, 아인슈타인 박사의 뇌에서 이 영역이 두드러지게 발달되어 있다는 것이다.

이 발견은 다이아몬드 박사에게는 매우 의미심장한 것이었다. 왜냐하면 뇌과학자들은 39번 영역을 수많은 뇌 영역들 가운데 가장 진화된 영역으로 여기기 때문이다. 만약 39번 영역에 손상이 생기면 추상적인 심상 능력, 기억력, 주의력, 자각 능력 등에 심각한 장애를 보인다. 그래서 이들은 글자를 읽지도 못하고, 문자의 뜻을 알아차리지도 못한다. 또 글자를 쓰거나 계산도 할 수 없게 되며, 시각적, 청각적, 촉각적 자극을 통합하는 데도 어려움을 보인다. 한마디로 말해 39번 영역이 손상되면 거의 모든 고등 정신 능력을 잃어버린다고 말할 수 있다.

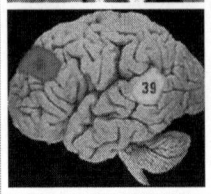

아인슈타인과 '브로드만 39번'. 아인슈타인은 가장 중요한 뇌 부위인 39번 영역을 최대한 활용함으로써 이 부위의 뇌를 특별히 키웠다.

아인슈타인 박사의 39번 뇌 영역에서는 특히 교세포 glial cell 또는 신경교 neuroglia 라고 부르는 특별한 세포가 매우 많았다. 뇌 속에는 교세포가 신경세포보다 약 10배가량 더 많다. 이 세포는 신경세포의 활동을 도와주는 보조 기능만 할 뿐 스스로 사고 활동과 같은 정신 활동에는 참여하지 않는다. 아인슈타인의 뇌에서 사고를 직접 담당하는 신경세포를 도와주는 신경교세포가 더 많다는 것은 신경세포의 활동에 필요로 하는 에너지 공급이나 신진대사를 도와주어야 할 필요성이 더 많았기 때문일 것이다.

왜 이렇게 아인슈타인의 39번 뇌세포가 보다 많은 에너지 공급을 받아야만 했을까? 그것은 아인슈타인의 사고 담당 뇌세포가 엄청나게 많은 일을 했기 때문이다. 교세포가 이렇게 많았기 때문에 아인슈타인의 39번 뇌 영역이 해부학적으로 더욱 커진 것이다."

아인슈타인을 그처럼 뛰어난 천재로 만들었던 것은 아마 자신의 뇌를 스스로 잘 활용했기 때문이라 생각된다. 그는 가장 중요한 뇌 부위인 39번 영역을 최대한 활용함으로써 이 부위의 뇌를 특별하게 키운 것이다. 사실 아인슈타인은 전 생애에 걸쳐 엄청나게 열심히 사고 훈련을 했던, 사고 분야의 세계 챔피언이었다. 이처럼 특정한 심리 훈련을 지속적으로 하면 특정한 심리 기능을 담당하는 특정 뇌 부위가 특별하게 발달할 수 있는 것이다. 이것은 카할의 선언에 도전하는 결과이다.

3.
사고 훈련을 받은 쥐의 뇌

다이아몬드 박사는 아인슈타인처럼 한평생 맹렬하게 사고 훈련을 하여 39번 뇌 영역이 확장된 것이라면 이 같은 현상을 동물 실험을 통해 증명할 수도 있지 않을까 생각했다. 이 생각을 검증하기 위해 이 분야의 동물 실험 대가인 버클리 대학의 심리학자 마크 로젠즈바이그Mark Rosenzweig 박사와 공동 연구를 시도했다. 로젠즈바이그 박사는 1960년대부터 쥐를 대상으로 어린 시절 풍요한 환경enriched environment 경험이 성숙한 후 미로학습과 같은 인지 학습에 미치는 영향을 체계적으로 관찰하였다. 그는 후천적 환경 경험이 뇌에 미치는 영향이 매우 크다는 것을 밝혀 라몬 이 카할의 선언을 흔들어 놓은 최초의 장본인이다. 다시 말해 후천적 환경 경험의 영향으로 뇌의 구조와 기능이 변화된다는 것을 실험적으로 밝힌 것이다.

로젠즈바이그 박사가 이끄는 버클리 팀은 먼저 유전적으로 동일한 혈통의 쥐를 선발하여 뇌의 크기가 일정하도록 통제했다. 쥐는 임신 기간이 23일이고 수유 기간도 23일이다. 사춘기에 이르는 나이는 출생 후 50여 일이고, 완전한 어른이 되는 데는 100일이 조금 더 걸린다. 생후 2년쯤 되면 이미 노년기이다. 쥐의 뇌 피질은 고등 포유류나 사람과 달리 잔주름이 잡혀 있지 않고 평평하기 때문에 출생 후의 환경 자극이 뇌의 크기에 미치는 영향을 쉽게 연구할 수 있는 특징이 있다. 뇌피질이 주름져 있지 않기 때문에 뇌 조직을 두부모처럼 일정한 크기로 잘라내어 생화학적으로나 해부학적으로 그 특성을 쉽게 찾아낼 수 있다.

본격적인 실험에 들어가기 전에 먼저 쥐들을 키우는 환경을 세 조건으로 나누었다. 첫 번째 사육 조건을 표준적 조건(SC)이라 하는데, 이 조건에서는 같은 또래의 쥐 세 마리를 사육 상자에 함께 넣고 물과 음식물만 충분하게 제공해 준다. 두 번째 사육 조건을 풍요로운 조건(EC)이라 하는데, 이 경우는 보다 넓은 사육 상자에 12마리의 동료 쥐를 함께 넣고 각종 신기한 장난감을 매일매일 교체해 주어 호기심을 자극하는 한편 뜀틀, 쳇바퀴, 오르내릴 수 있는 사다리,

미로 같은 것을 장치해 주어 놀이를 할 수 있도록 해주었다. 세 번째 조건은 궁핍한 조건(IC)이라 부르는데, 이 경우는 표준 사육 상자보다 더 좁고 아무런 신기한 자극도 없으며 동료 친구도 없이 혼자 격리되어 살아가는 궁핍한 조건이다.

    같은 날 젖을 뗀 새끼들 여러 마리를 한 곳에 모아 놓고 무작위로 한 마리씩 뽑아 한 마리는 표준 조건에, 또 한 마리는 풍요 조건에, 그리고 나머지 다른 한 마리는 궁핍 조건에 무작위로 배정했다. 생후 23일까지 세 집단의 쥐가 유전적으로 동일하고 사육 조건도 동일했으므로 세 집단 간에는 특별한 차이가 없다.

    이와 같은 상이한 세 조건 하에서 1년 정도 사육하여 쥐로서는 성년기가 되었을 때 세 집단의 뇌를 비교해 보았다. 풍요 조건의 뇌는 표준 또는 궁핍 조건의 뇌에 비해 평균 10퍼센트 정도 무게가 더 무거웠다. 이 결과가 처음 밝혀졌을 때 대부분의 신경과학자들은 이 사실을 믿으려고 하지 않았다. 하지만 이런 연구가 여러 차례 거듭된 1980년대 이후에 와서는 심리학 교과서에조차 소개될 정도로 유명한 연구가 되었다.

    앞서의 초기 연구보다 더 흥미로운 사실이 후속된 연구에서 밝혀졌다. 예컨대 자연 노화로 인해 죽은 쥐의 뇌를 검사해 보았더니 풍요 조건의 쥐는 궁핍 조건의 쥐에 비해 고등 정신 기능을 담당한다고 밝혀진 39번 뇌 영역이 16퍼센트 정도나 더 커져 있었다. 그러나 다른 뇌 부위 영역들은 생후 1년 후에 한 앞서의 연구 결과처럼

10퍼센트만 더 커져 있었다.

이번에는 어린 쥐가 아니라 나이가 많은 쥐를 상대로 해서 앞서와 유사한 조건으로 나누어 실험해 보았다. 이 실험의 결과에서도 풍요 조건의 뇌가 궁핍 조건의 뇌에 비해 더 무게가 나갔는데, 이때도 주로 변화를 보인 부분은 39번 영역이었다. 더 나아가 이번에는 이미 나이가 많은 늙은 쥐 네 마리를 여덟 마리의 젊은 쥐가 살고 있는 집단에 합사시켜 젊은 쥐들과 어울려 살아가는 동안 젊음의 자극 효과가 뇌 무게에 어떤 영향을 미치는지도 알아보았다.

매우 흥미로운 결과가 나왔다. 즉 늙은 쥐들은 늙은 쥐들과 함께 놀지 않고 젊은 쥐들과 함께 놀았다. 젊은 쥐들과 자주 어울려 지내는 동안 늙은 쥐의 뇌 무게는 평균 10퍼센트 정도 더 늘어났는데 비해 젊은 쥐의 뇌 무게는 전혀 늘어나지 않았다. 어째서 늙은 쥐의 뇌 무게는 더 무거워졌는데 젊은 쥐의 뇌는 늘어나지 않았을까? 이 물음에 대한 답은 호기심을 자극하고 사고 발달을 촉진시키기 위해 제시해 준 장난감, 뜀틀, 사다리, 쳇바퀴, 미로와 같은 각종 신기한 자극들에 대한 늙은 쥐와 젊은 쥐의 관심차 때문이었다. 왜냐하면 실험자가 매일 아침 쥐들에게 새로운 장난감을 교체해 준 후 이 장난감 제시에 대한 두 집단 쥐의 반응을 관찰했더니, 늙은 쥐는 새로운 장난감에 적극적인 호기심을 보이고 접근해서 만져 보며, 조작도 하는 따위의 반응을 보여주었지만, 젊은 쥐는 교체해 준 새로운 장난감에 대해 별다른 관심도 보여주지 않고 한쪽 구석에 쭈그리고 잠만 자는 경우가 더 많다는 점이 관찰되었기 때문이다.

　이러한 반응 차이를 보고 이 실험에 동참한 다이아몬드 박사는 나이 든 쥐가 젊은 쥐에 비해 사회적 위계상으로 더 우위에 있고, 또한 분위기를 주도해 나가는 면에 있어도 더 어른 구실을 한다고 설명했다. 대가족들로 구성된 인간사회에 있어서 나이 든 어른이 족장이 되거나 가장이 되어 집단과 가정을 아울러 이끌어 나가는 것이나, 쥐들의 사회에서 늙은 쥐가 어른이 되어 젊은 쥐들을 이끌어 나가는 것이나 근본적으로 다르지 않다는 것이다. 이것은 나이 든 교수가 젊은 교수들과 학생들보다 앞장서서 지도해 나가는 학문 세계의 리더십 모습과도 유사하다. 다이아몬드는 칼샤 박사에게 노교수가 연단 위에서 열정을 가지고 열심히 강의하면서 자극을 주는데도 불구하고 뒷자리에 웅크려 잠자고 있는 학생들 모습은 마치 자신의 쥐 실험에서 늙은 쥐와 젊은 쥐의 상황과 흡사하다고 농담하였다.

　또, 버클리 팀은 쥐의 사육 상자에서 사고를 자극하는 장난감이나 풍요로운 자극물들을 몽땅 치워 버리면 그동안 성장했던 뇌가 오히려 위축된다는 사실도 발견하였다. 즉 환경을 박탈하고 궁핍한 상자에서 격리하여 키웠더니 신체감각을 담당하는 배측

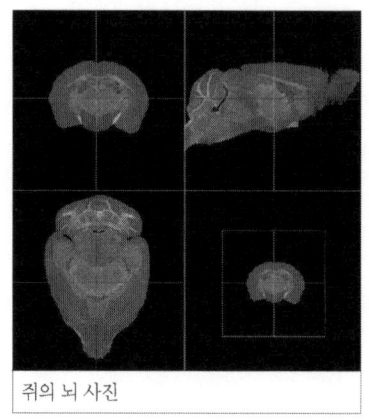

쥐의 뇌 사진

사고 훈련을 받은 쥐의 뇌

dorsal 부분의 피질이 9퍼센트나 오그라졌고, 기억 능력과 밀접한 관련이 있는 해마를 포함하는 변연계 부위가 무려 25퍼센트나 줄어들었다고 한다. 이 실험의 결과로 이 팀의 연구자들은 사람의 노화 관련 기억 손상은 지적 자극의 경험 결핍에 따르는 것이라는 해석을 낳게 했다. 그러므로 나이가 들수록 지적 자극에 자주 접하고 즐거운 놀이에 부지런히 참여하는 것이 뇌 장수를 위한 최선의 방법이 될 것이다.

4.
훈련이 미세한 뇌 구조까지 바꾼다

버클리 팀은 풍요로운 환경조건이 뇌의 성장에 미치는 영향을 보다 미시적 수준에서 분석해 보는 연구도 했다. 신경세포는 한평생에 걸쳐 나뭇가지와 같은 수지상돌기들을 다른 신경세포 쪽으로 계속 뻗어가면서 서서히 발달되어 간다. 수지상돌기는 새로운 정보를 학습할 때마다 새로운 잔가지가 앞으로 뻗어가고 또 이 새 가지는 또 다른 새 가지를 앞으로 뻗어나가게 한다. 이들 연구자들은 하나의 신경세포에서 첫 번째 뻗어 나오는 가지는 풍요로운 환경이나 궁핍한 환경이나 별 차이가 없다는 점을 발견했다. 또한 두 번째, 세 번째, 네 번째 그리고 다섯 번째까지 뻗어 나오는 수지상돌기의 가지도 두 사육 집단 간에 큰 차이가 없었다. 그러나 여섯 번째 뻗어 나온 가지는 풍요로운 집단의 경우가 궁핍 집단에 비해 유의미하게 더 길어진다는 사실을 발견하였다.

이것은 노년기에는 더 이상 배울 수 없다는 일반적 생각이 틀렸다는 것을 시사해 주는 중요한 발견이다. 또 앞에서 본 것처럼 호기심을 촉발시켜 주는 자극물의 제시에 대해 늙은 쥐가 젊은 쥐보다 더 강력한 관심과 반응성을 보였다는 것이 바로 여섯 번째 수지상돌기의 성장을 설명해 줄 수 있는 이유가 된다.

이 연구 팀은 "우리는 젊든 늙든 학습을 계속할 수 있다. 뇌는 어떤 연령에서도 변화될 수 있다. 우리는 배아기에 마치 공처럼 생긴 하나의 신경세포로부터 시작된다. 이 신경세포는 새로운 것을 학습하면서 첫 가지를 뻗어나간다. 이렇게 뻗어가면서 지식을 모아 점차 독창적인 모습으로 되어간다. 그 후 점점 더 이상적이고 관용적이고 이타적으로 되어간다. 그러나 우리에게 지혜를 주는 것은 바로 여섯 번째의 수지상돌기인 것이다."라고 결론지었다. 사실 나이 든 사람이 젊은 사람에 비해 보다 지혜로워진다는 것은 이를 두고 하는 말이 아닐까.

이 연구 팀은 또 하나의 중요한 것을 발견했다. 즉 환경 자극의 풍요로움에 반응하는 뇌 부위에는 신피질뿐만 아니라 정서를 담당하는 변연계까지도 포함된다고 주장했다. 그들은 손으로 부드럽게 만져주고 쓰다듬어 아낌없이 사랑을 해준 동물들은 변연계의 기능이 향상된다는 것을 보여주는 증거를 얻었다. 그러므로 이러한 실험들을 통해 우리는 지적인 풍요로움을 제공하는 자극은 지적 능력을 향상시키는 지적 담당 뇌를 키워 주고, 감성적인 풍요로움을 제공해 주는 자극은 감성 능력을 키워 주는 감성 담당 뇌를 발달시켜 준다고 할 수 있다. 이런 현상은 어린이, 청소년, 청년, 장년, 성년, 노년까지 어느 나이든 상관없다. 평생을 통해 교육받아야 하고 배워야 하는 이유가 여기에 있다. 이러한 평생에 걸친 교육이 보다 지혜롭고 성숙하게 살아가는 인간 최대의 목표를 실현시켜 주는 것이다. "아침에 도道를 얻으면 저녁에 죽어도 좋다."고 한 공자의 말씀이 새삼스럽게 들려온다.

  어린 시절 환경 자극이 뇌 성장, 인지 행동 또는 정서 행동에 미치는 영향을 보다 미시적 수준에서 발전적으로 연구한 팀도 있다. 이런 연구를 주도한 사람은 일리노이 대학의 심리학자 윌리엄 그리나프William Greenough 박사이다. 1970년대 초 그리나프 박사 팀은 버클리 대학의 연구와 비슷하게 쳇바퀴와 사다리와 같은 물리적 환경과 같은 나이 또래의 친구들이 있는 풍요로운 환경 속에서 성장한 쥐와 장난감도 없고 친구도 없는 궁핍한 환경 속에 자란 쥐들의 뇌 성장을 비교해 보았다.

  우선 두드러지게 드러난 것은 풍요로운 환경의 쥐가 궁핍한 환경의 쥐에 비해 뇌 피질이 더 두꺼웠다는 것이다. 그리고 풍요로운 환경의 쥐들은 신경세포와 신경세포를 연결하는 시냅스란 부위의 수가 훨씬 더 복잡하게 밀집되어 있었고, 인접한 신경세포와 신호를 주고받는 수지상돌기도 더 풍성하게 많았으며,

수지상돌기 세포

수지상 가시라고 하는 신경 전달 정보 소통 부위도 더 많이 늘어났다. 이렇게 풍요로운 조건에서 성장한 쥐들은 보다 밀집화된 시냅스와 더 많은 수지상돌기와 수지상 가시 때문에 뇌의 회로가 더욱 풍요롭고 정교하게 만들어져 결국 두 집단 쥐들의 행동 차이가 두드러지게 된 것이다. 그래서 자극이 풍요로운 환경에서 자란 쥐들이 궁핍한 환경에서 자란 쥐보다 미로학습을 더 잘할 수 있다는 것을 최고 권위의 과학 잡지 〈사이언스Science〉에 보고했다.

1997년 게이지F.J.Gage 박사를 중심으로 하는 솔크Solk연구소 팀은 그리나프 팀의 연구 결과를 한 단계 더 발전시키는 연구를 해 나갔다. 이 연구에서는 쥐의 사육 환경을 실험실의 인공적 환경과는 달리 가능한 한 자연 상태와 유사하게 하려고 했다. 그래서 쥐들의 사육 환경을 보다 넓은 공간에다가 흙을 채우고, 나무도 심고, 풀도 심고, 쳇바퀴, 장난감, 파이프를 휘어 만든 터널 같은 것도 마련해

주었다. 이런 풍요로운 자극 환경에서 젖을 뗀 후 여러 친구들과 함께 45일 동안 자라게 했다. 이때는 생후 65~70일 정도쯤 되는데, 쥐의 나이는 사람으로 치면 사춘기 후반이나 청년 전기 정도로 볼 수 있다. 이때 풍요로운 환경에서 자란 쥐의 뇌를 분석해 보았더니 신경세포 간의 시냅스가 더 많이 연결되었음은 물론이고 그 이상의 중요하고도 놀라운 현상이 나타난 것을 관찰할 수 있었다. 즉 풍요로운 환경 속에서 45일간 산 사이에 새로운 신경세포가 생성되었다는 것이다. 즉 새로운 신경세포가 해마치상회 hippocompal dentate gyrus란 곳에서 발생되었다는 것이다. 이 얼마나 놀라운 발견인가? 해마치상회 부위는 학습과 기억에 관여하는 해마의 중요 부분이다. 표준적 조건에서 사육한 쥐의 경우 해마 신경원 수가 27만 개인데 비해, 풍요로운 조건에서 자란 쥐는 31만1천 개 정도로 평균 15퍼센트 정도 더 증가되었다는 것을 최고 권위의 과학지 〈네이처 Nature〉에 1997년 발표했다.

    게이지는 달라이 라마와 만난 "마음과 생명 협의회"에서 성장 경험만 바꾸어도 뇌세포의 양이 15퍼센트나 더 늘어난다는 것은 결코 작은 숫자가 아닙니다."라고 말했다. 그 후 1년이 지나 게이지 박사와 그의 동료들은 위와 유사한 결과가 늙은 쥐에게도 일어난다는 사실을 발표하였다. 즉 자극이 풍요로운 환경에서 18개월(인간의 경우 65세에 해당) 지난 쥐들은 열악한 조건 속에 외롭게 혼자 살아온 또래의 쥐들에 비해 해마치상회 속의 새로운 신경세포의 수가 무려 세 배나 더 많았다는 것을 권위 있는 신경과학지에 보고했다. 이처럼 자극이 풍요로운 환경을 경험하는 것은 나이와 상관없이 뇌세포를 늘려나 간다는 것이다. 이 실험에서도 나이 든 늙은 쥐들이 젊은 쥐들보다 새로운 환경에 더 왕성한 반응을 보였다고 하는데, 앞서 본 버클리 팀의 쥐와 유사한 결과이다. 나이가 들면 점점 더 보수적이 되어간 다는 일반적 생각은 크게 잘못된 것이다. 나이 든 쥐들이 젊은 쥐들 에 비해 신기한 자극에 더 많은 호기심과 관심을 갖는다는 이런 연 구들의 발견은 결코 우연한 것이 아니다.

5. 외톨이로 자란 경험이 일으킨 행동장애

이제부터는 어린 시절 친구 없이 외톨이로 성장한 경험이 성장 후의 지적, 정서적, 사회적 행동 특성과 뇌 발달에 미치는 영향을 살펴보자. 이 문제는 필자가 1970년대부터 1980년대까지 10여 년간에 걸쳐 생쥐를 대상으로 집중적으로 연구한 결과를 1984년 『격리성장과 행동장애: 생쥐를 대상으로 한 생리심리학적 연구』라는 책을 통해 밝힌 것을 요약한 것이다.

필자가 이 연구를 시작했던 1970년대 후반에는 범국가적으로 산아제한 캠페인을 벌이고 있을 때였다. 이때 산아제한 표어로 처음에는 "두 자녀만 낳아 잘 기르자"에서부터 차츰 "둘도 많다. 한 자녀만 낳아 잘 기르자"로 바뀌었다. 당시 심리학이나 정신의학에서는 어린 시절 애착의 대상 없이 외톨이로 성장하면 성장한 후에 성격, 정서 그리고 사회성 등에 장애가 생긴다는 이른바 "애착이론"이 한참 영향을 행사하던 시기였다. 그리고 당시 필자는 정신분석을 직접 받으면서 어린 시절 친구 없이 성장한 경험이 일생을 두고 영향을 미친다는 것을 실감하고 있을 때였다.

당시 필자는 한 자녀만 낳아 기르면 또래와의 사회적 관계를 학습할 수 없는 외톨이가 될 것이고, 이 외톨이들이 어른이 되었을 때 과연 온전한 심리적 특성을 보여줄 수 있을까에 주된 관심을 가졌다. 그리고 이 실험을 통해 보다 오래된 심리학과 철학의 큰 담론인 "선천론nature"과 "경험론nurture"의 대논쟁에 기여할 수 있는 여지를 마련할 수 있지 않을까, 라는 생각도 했다. 그래서 한참 사회화 시기에 있는 (생후 21일째 이후) 어린 동물을 동료 없이 외톨이로 자라게 한 후 (대개 생후 100일), 인지적 능력이 요구되는 미로학습과 정서성이 요구되는 조건 회피 반응과 같은 학습 과제의 수행에 미치는 영향에 일차적으로 관심을 가졌다. 그 외에 일반 활동성, 정서 반응성, 사회적 행동 등의 제반 행동 특성도 알아보고, 나아가 외톨이 동물들의 행동 특징을 뇌 과학적으로 설명할 수 있는 뇌 기제를 추론해 찾아보려고도 하였다. 지금으로부터 30여 년 전의 연구였지만 그 당시로서는 이 분야의 연구가 생물심리학 분야에서는 흥미 있는 첨단 연구 과제의 하나였고 세계적 심리생물학적 발달 연구에 동참한다는 뜻도 있었다. 10여 년 동안 20여 편의 논문을 국내외 학술지와 박사학위 논문으로 발표했고 그것들을 바탕으로 1984년에는 『격리성장과 행동장애』라는 단행본까지 출판하였다.

먼저 격리 성장이 학습에 미치는 영향을 실험한 내용부터 소개한다. 격리 성장 동물은 정서성이 별로 요구되지 않고 단지 공간 기억과 같은 인지능력이 요구되는 미로학습이나, 전기 충격을 회피해야 하는 조건 회피학습 장면에서 수행상의 저조함을 보여주었다. 다시 말해 외톨이 쥐는 정상적인 쥐에 비해 미로학습과 조건 회피 반응 학습 능력이 유의미하게 떨어졌다. 이것은 격리 성장 동물의 경우 학습과 기억에 관여하는 뇌 부위의 활동에 이상이 생겼거나 학습이나 기억에 관여하는 신경전달물질의 대사 기능에 이상이 생겼을 가능성을 시사해 주는 것이다.

다음으로 격리 성장 동물은 사육장과 같은 친숙한 장면이나 넓고 탁 트인 낯선 개활 장면과 같은 정서 장면에서 모두 높은 활동성을 보여주었다. 그리고 격리 동물들은 발바닥에 가해지는 전기 충격이나 신체에 가해지는 물리적 자극과 같은 유해한 자극에 대해 보다 민감하게 반응했다. 그리고 격리 성장 동물은 낯선 동료와 마주치는 사회적 장면에서 사회성의 미숙 때문에 자주 싸우는 공격성을 보였다. 그러나 격리 동물은 집단 성장한 동물에 비해 동료와 더불어 있고자 하는 군집 행동은 오히려 더 강하게 보여주었다.

위에서 본 것처럼 외톨이로 격리 성장한 동물들의 행동 특징은 첫째, 인지적 학습이나 정서적 학습이나 학습 장면에서 전반적인 학습 부조 현상을 보였다. 둘째, 일반 행동이나 정서 행동을 조절해야 할 행동 적응 장면에서는 잘 조절하지 못해 과잉한 활동성과 과민한 정서성을 보였다. 셋째, 사회적 관계에서 동료와 함께 있고 싶어하는 군집 행동은 증가되지만 사회성의 미숙으로 인해 실제 만나는 장면에서는 과잉한 공격성을 보여주었다. 이러한 외톨이 동물의 행동 장애 특징은 과민성 신경증, 주의력결핍과잉행동장애(ADHD), 애착 장애, 심지어는 자폐증의 모델이 될 수도 있을 것으로 추론했다.

1984년 당시 필자는 격리 성장에 따른 행동 장애가 뇌 변연계의 중요 구조인 해마와 편도체의 기능 이상일 가능성과 중추신경전달물질인 아세틸콜린acetylcholine과 세로토닌serotonin의 비정상적인 대사 기능에 따른 것으로 추론했는데, 그 이후에 이루어진 다른 연구자들의 연구를 참고해 보면 당시의 이 추론이 매우 적절했다는 증거들이 속속 나타났다.

앞서 버클리 대학의 로젠즈바이그 팀의 실험에서 궁핍한 환경에서 성장한 동물은 풍요로운 환경에서 성장한 동물에 비해 뇌 피질의 두께가 얇고 여섯 번째 수지상돌기의 길이도 더 짧다고 했으며 뇌 피질 내에 함유되어 있는 신경전달물질인 아세틸콜린의 함량도 부족해진다고 하였다. 이런 견해에서 본다면 필자의 격리 성장 생쥐

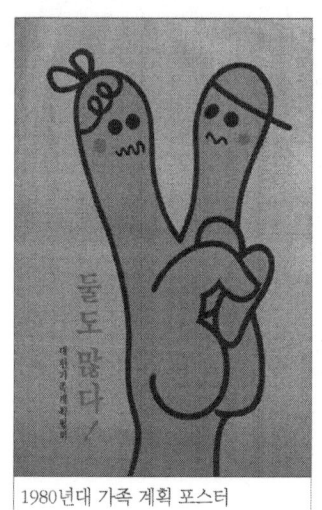

1980년대 가족 계획 포스터

의 학습 저조도 뇌 피질에서 수지상돌기가 덜 발달되었기 때문에 학습이나 기억에 따르는 정보의 수취와 저장을 담당하는 뇌 구조상 문제점이 있거나, 학습과 기억에 관여하는 아세틸콜린과 같은 대사 활동의 저하에 따른 것으로도 볼 수 있다. 이러한 맥락으로 보면 격리군의 학습 수행 저조는 신경전달물질 아세틸콜린의 총량이 부족하기 때문에 시냅스 소통이 원활하지 못했거나 기억을 담당하는 해마의 발달 미숙에 따라 학습 또는 기억 능력 저하 현상이 생긴 것으로 해석된다.

한편 격리 성장 생쥐가 불쾌한 자극에 대해 과민 반응성을 보이고 동료와 신체적 접촉이 이루어질 때 과잉한 공격성을 보였다는 사실은 감정을 지배하는 중요 신경전달물질인 세로토닌의 대사 기능이 저하되는 데 따른 편도체의 기능 부조 때문일 것으로 해석된다. 실제로 격리 성장한 동물의 뇌를 생화학적으로 분석해 본 스톨크^{Stolk} 등의 연구를 보면 격리 동물의 뇌에서는 세로토닌의 총량이 줄어들고 노어아드레날린은 증가되어 있다는 것이다. 세로토닌과 아드레날린 등은 감정을 지배하는 신경전달물질인데, 세로토닌이 줄어들거나 전환율이 감소되면 짜증이 나고 불면증이 생기며 공격

외톨이로 자란 경험이 일으킨 행동장애

성이 증가한다는 것이 오늘날 공격성을 신경과학적으로 설명하는 중요 입장이다. 따라서 격리 성장 동물들의 과민성, 과잉 공격성이 세로토닌의 부족에 기인된 것이라는 해석도 지지를 얻고 있다. 그리고 오늘날 불안이나 공격성과 같은 부정적 정서 관장의 센터가 편도체라는 것은 누구도 의심하지 않는다.

이상을 종합할 때 어린 시절 동료 없이 외톨이로 성장한다는 것이 주의력결핍과잉행동장애(ADHD), 과잉 공격성이나 정서 과민성을 야기하는 원인의 하나가 되는 것으로 생각해 볼 수 있다. 만약 이 견해가 맞다면, 어린 시절 동료들과의 집단 놀이나 사회생활은 앞에 언급한 몇 가지 행동 장애를 예방하는 데 큰 도움이 될 것으로 예상할 수 있다. 필자로서는 1986년 격리 성장 동물의 행동 장애를 보다 본격적으로 연구하기 위해 미국 뉴욕 주립 발달 장애 연구소 연구원으로 초빙되었으나 연구 주제의 선정에 있어 서로간의 입장 차이가 있어 본격적 연구가 불가능했던 아쉬움을 갖고 있다.

미국 캘리포니아 대학교 로스엔젤레스 분교(UCLA)의 뇌 과학 연구소는 세계에서 가장 권위 있는 뇌 과학 연구소 중 하나인데, 이곳에 소장으로 있는 아놀드 사이벨Sheibel 박사는 칼샤 박사와의 인터뷰에서 이렇게 말했다. "새롭고 신기한 과제들에 대해 관심을 갖는 것이 뇌를 특히 이롭게 한다고 믿는다. 그러므로 과거에 하지 않았던 새로운 일들을 하라."고 권고한다. 그래서 사이벨 박사는 자기 자신도 최근에 들어와 새로운 일로 조각하는 일을 시작했다고 한다.

오늘날 다른 신경과학자들도 새로운 일에 뛰어들고 몰입하는 것이 뇌를 생물학적으로 자극한다는 점에 동의한다. 어떤 뇌 과학자는 뇌 속에 새로운 수지상돌기의 연결로 꽉 채우기 위해 새로운 곳으로 여행도 하고 새로운 책을 읽는 것도 좋다고 추천한다. 대신 아무것도 하지 않고 그냥 빈둥대며 보내는 것이 가장 해롭다고 한다. 저명한 뇌 학자 칼 코트만Carl Cotman 박사는 "은퇴하여 안락의자에 앉아 감자칩이나 먹으면서 텔레비전을 보는 사람과 은퇴 후에도 열심히 활동하는 사람을 몇 년간 연구해 보면 계속 활동하는 사람은 훨씬 좋은 인지기능을 유지하고 뇌의 신진대사활동도 훨씬 더 왕성하다."고 했다.

뇌는 우리가 죽을 때까지 끊임없이 활동하고 변화해 나간다. 뇌가 왕성하게 활동하는 것이 뇌 장수이고 뇌 건강이다. 치매에 걸리지 않으려면 죽을 때까지 쉬지 않고 뇌를 활동시켜라. 뇌의 기능이 멈추는 날 우리는 죽음을 맞이한다.

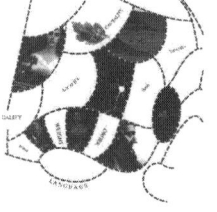

3장

사랑과 배려가
몸의 병을 치유한다

1.
사랑이란 생명수

테레사 수녀의 삶이 다큐멘터리로 방영된 적이 있다. 중동에 있는 레바논에 전쟁이 터졌을 때 테레사 수녀는 여러 수녀들과 함께 뇌성마비 장애자 수용소에서 임시 직원으로 봉사 활동에 참여하였다. 이 수용소에 수용된 아동들은 같은 또래 나이의 아이들에 비해 몸집이 훨씬 왜소했다. 이 아이들은 사랑을 받지 못해 성장이 일시 중지된 것이다. 평소 이들에게도 충분한 음식은 제공되었지만, 이 아이들은 자신을 돌봐 주는 보모로부터 충분한 배려와 사랑을 받지는 못했다.

사랑이란 생명수

한 사람의 보모가 수많은 아이들을 돌봐야 했기 때문에 배려와 사랑이 적을 수밖에 없었다. 사랑을 받지 못한 아이들은 뇌하수체에서 분비되는 성장 호르몬이 정상적으로 분비되지 못한다. 그러므로 이런 아이들은 신체 성장이 정지되어 몸이 오그라들고, 얼굴에는 화색이 사라져 죽음의 그림자가 드리우는 것이다.

그런데 테레사 수녀는 얼굴이 일그러지고 여윈 팔다리가 경련으로 뒤틀리고 있는 이 아이들을 쳐다보면서 따뜻하게 껴안아 주고 얼러 주었다. 몇 분이 지나자 아이들은 미소 짓기 시작하였고 뒤틀린 사지는 점차 펴지기 시작하였다. 테레사 수녀에게 "당신은 회복될 가능성도 없이 병들어 죽어가는 이 아이들을 왜 성가시게 보살펴 주었느냐"고 묻자 그녀는 "오직 이들을 사랑하는 것이 나의 일이기 때문"이라고 대답했다.

지니라는 소녀는 오랫동안 고립되고 결핍된 환경 속에서 어린 시절을 보냈다. 생후 20개월부터 13세가 될 때까지 10여 년이 지나도록 이 소녀는 조그마한 다락방 같은 곳에서 격리된 채, 대부분의 시간을 의자에 묶인 채 살아왔다. 지니는 정신이 박약하고 건강치 못한 어머니가 낳은 사생아였기에 어느 누구로부터도 따뜻한 배려를 받지 못한 것이다. 비록 어머니가 시간에 맞춰 식사는 제공해 주었지만 소녀와 같이 놀아 주고 말해 주는 사람이 없었다. 이 아이가 이런 감금에서 풀린 것은 생후 13년 9개월째 되는 때이다. 이 나이쯤이면 사춘기를 넘어설 나이건만 지니는 마치 6~7세 정도의 어린 소녀로 보였다.

    이처럼 사랑받지 못한 아이들은 신체 성장이 정지된다. 이런 성장 장애를 "심리 사회적 난쟁이" 또는 "정서적 난쟁이"라 부른다. 이런 난쟁이는 뇌하수체에서 분비되는 성장 호르몬을 비롯한 여러 호르몬의 분비 장애로 인한 것이다. 애정의 결핍과 같은 심리 사회적 스트레스 조건은 뇌의 정서 중추나 호르몬 분비 중추의 정상적 작용을 교란시켜 성장을 정지시키고 신체의 기능을 비정상적이 되도록 한다. 그러나 이런 성장 장애 어린이들도 사랑과 돌봄이라는 따뜻한 정서적 분위기를 회복하면 그간 멈추었던 신체 성장이 빠른 속도로 회복된다. 이처럼 사랑과 배려라는 정서적 요인은 신체 성장을 위한 생명수인 것이다.

    미국 캘리포니아주 샌프란시스코 근교에 알라메다 카운티라는 곳이 있다. 이곳에 사는 주민 7,000여 명을 대상으로 수십 년간에 걸쳐 생활 습관과 건강과의 관계를 연구한 유명한 "알라메다 카운티 연구"라는 범국가적인 연구 프로젝트가 있다. 이 프로젝트의 연구 내용에는 여러 가지가 포함되어 있는데, 그중에서 가장 눈길을 끄는 연구 내용의 하나가 이웃과 서로 친하게 지내면서 서로서로 지지해 주는 사람들은 운동을 열심히 하고 건강식을 잘 챙겨 먹는 사람들보다도 더 건강하게 오래 산다고 하는 것이다. 한편 빈번하게 남들과 교제는 하지만 인간관계에서 따뜻함을 느끼지 못하고 외로움을 느낀다고 한 부인들은 인간관계로부터 따뜻함을 느낀다고 한 부인들에 비해 자궁암, 유방암, 난소암에 걸릴 확률이 2.4배 더 높았다고 한다. 보다 놀라운 발견은 남들과 관계도 잘하지 않고 외로움도 많이 느낀다고 한 사람들은 위에 열거한 여러 가지 암에 걸려 사망할 확률이 자그마치 다섯 배나 더 높았다고 한다. 이 얼마나 놀라운 일인가!

사랑은 암세포를 소멸시키지만 외로움은 암세포를 증장시켜 죽음으로 내몬다. 사실 우리의 면역 체계는 외로움과 같은 심리적 요인에 크게 영향을 받는다. 외로움이나 우울감과 같은 부정적 감정이 지배할 때는 면역세포의 활동이 위축되어 암세포의 발생을 적극적으로 찾아내어 효과적으로 죽이지 못하기 때문에 암세포가 순식간에 퍼져 나가게 되는 것이다.

외로움은 또한 심장병에 걸릴 수 있는 위험률도 크게 증가시킬 수 있다. 핀란드 코렐리아 지방에 사는 13,000여 명의 주민을 대상으로 수년간 연구를 했더니 외로움을 많이 느낀다고 한 사람은 그렇지 않다고 한 사람에 비해 심장병으로 인해 죽을 확률이 세 배 정도 더 높은 것을 발견하였다. 고립해 사육한 원숭이들도 친구들과 함께 자란 원숭이들보다 심장동맥이 막히는 심장병에 걸릴 확률이 두 배 정도 더 높았다고 한다. 외로움이야말로 암이나 심장병 같은 현대인의 죽음에 가장 중요한 질병의 원인이 되는 독약 같은 것이다.

한편 토끼를 대상으로 사랑이 심장병 발병에 미치는 영향을 연구한 휴스턴 대학의 로버트 네렘Robert Nerem 박사의 연구는 사랑의 의학을 설명하는 흥미 있는 사례이다. 토끼는 심혈관계가 인간의 그것과 매우 유사하기 때문에 인간의 심혈관계 질환을 연구하기 위해 자주 이용되는 동물이다. 네렘 박사는 유전적으로 동일한 혈통을 가진 토끼에게 일정 기간 동안 콜레스테롤이 많이 든 음식을 먹여 심장동맥에 경화를 일으키려고 하였다. 네렘 박사는 이렇게 하면 같은 음식을 먹은 모든 토끼가 동맥경화에 걸릴 확률이 비슷하게 될 것으로 예상했는데, 사실은 그렇지 않았다. 조사를 해보니 세 개의 단으로 된 선반 위에 토끼 사육 상자를 올려놓고 사육했는데, 가장 높은 선반에서 사육된 토끼만이 유독 동맥경화에 많이 걸렸다. 연구 팀은 이런 사실을 접하고 매우 당황하였다. 전혀 예상치 못한 결과였기 때문이다. 그러나 그 이유를 체계적으로 밝혀 가는 과정 속에서 해답의 실마리를 찾게 되었다.

그간 토끼를 사육한 사육사는 키가 작은 여자였다. 그녀는 토끼에게 먹이를 주려고 사육실에 올 때마다 낮은 선반에 있는 토끼들은 먹이를 주고 나서 한 마리씩 끄집어내어 안아 주고 보듬어 주었다. 그러나 높은 선반에 있는 토끼장에는 먹이만 집어넣어 주었을 뿐 끄집어내어 안아 주고 보듬어 주지 못했다. 따라서 위 선반의 토끼는 비록 같은 음식을 먹고 자랐지만 사랑받지 못해 동맥경화에 많이 걸린 것으로 추측했다. 그래서 연구자들은 이런 방식으로 계속 거듭하여 실험해 보았더니 예상했던 대로의 결과가 나왔다.

이처럼 매일 한 마리씩 사육장에서 끄집어내어 애무해 주고 쓰

사랑이란 생명수

다듬어 주면서 사랑스런 말로 얼러 주었더니 비록 콜레스테롤이 많은 음식을 먹고서도 동맥경화 발생이 60퍼센트나 감소되었다. 사랑받은 토끼는 동맥경화 발생만 억제된 것이 아니라 혈중 콜레스테롤 수준, 혈압, 심장 박동률까지 낮아졌다. 한마디로 사랑이 심혈관 장애를 예방했다는 결론이다.

애완동물과 함께 생활하는 사람도 일반적으로 더 건강하다. 애완견을 가진 심장병 환자는 갖지 않은 심장병 환자에 비해 사망률이 유의미하게 줄어든다는 것이 밝혀졌다. 애완견을 가진 사람이 스트레스를 받게 되면 갖지 않은 사람에 비해 각종 스트레스의 생리적 반응치가 현저하게 낮아진다. 애완동물뿐 아니라 꽃을 가꾼다거나 금붕어나 애완용 새들을 기르는 사람들도 심장병에 걸릴 확률이 낮아진다. 이처럼 사랑하는 대상을 갖고 있다는 것이 외로움에서 비롯되는 질병 발생 요인의 영향을 낮추어 주기 때문에 건강상 유익한 결과를 얻는 것이다. 사랑과 나눔이 질병 발생의 예방을 위한 비타민이다.

2.
외로움이라는 독약, 사랑이라는 보약

미국 펜실베니아 주에 로제토라는 마을이 있다. 이 마을에 사는 사람들은 바로 인접해 있는 뱅고르 마을이나 나자렛 마을에 사는 사람보다 심장병에 걸릴 확률이나 심장병으로 인해 사망할 확률이 눈에 띄게 적다. 40여 년 전부터 과학자들이 이 점에 관심을 갖고 그 이유를 조사해 보았다. 로제토 마을 사람들도 인근 두 마을의 사람들처럼 고기도 잘 먹고, 담배도 많이 피우고, 술도 잘하고, 특별하게 건강식을 먹지도 않고, 운동도 더 많이 하지 않았다. 같은 수돗물을 마

외로움이라는 독약, 사랑이라는 보약

시고, 같은 슈퍼마켓을 이용하고, 같은 병원을 이용하고, 같은 학교도 다녔다. 도대체 어떤 이유로 로제토 마을 사람들만 유독 심장병에 잘 걸리지 않는단 말인가?

로제토 마을은 1882년 이탈리아 남쪽에 있는 어떤 시골 마을로부터 이민 온 후손들이 함께 살아가는 마을이다. 이민 온 후 100여 년 이상 동족 마을을 잘 유지하면서 이태리식 풍습과 문화의 동질성을 잘 지켜왔다. 이들은 이태리식의 긴밀한 가족 관계와 친족 관계를 잘 유지했으며 공동체 주민들 간에도 높은 응집성을 보여주었다. 이처럼 친밀한 인간관계를 유지하는 것이 심장병의 발병을 낮추고 건강하게 살아가게 한 주원인이란 것이 밝혀진 것이다.

그러나 최근 25년 사이에 로제토 마을 사람들도 일반적인 미국 시민과 비슷하게 사회적 유대 관계가 급속도로 깨어지면서 사랑과 신뢰를 바탕으로 하던 삶의 방식이 돈이나 재산과 같은 물질을 지향하는 삶의 방식으로 바뀌었다. 삶의 지향 가치가 물질적인 것으로 바뀌면서 로제토 주민의 심장병 발병률도 그전에 비해 두 배 이상 증가하여 평균 미국인의 발병률과 같아졌다. 이제 로제토 사회도 친밀한 인간관계 중심의 사회에서 외롭고 경쟁적인 사회로 바뀐 것이다.

1945년에 행한 미국의 가족 형태 조사를 보면 85퍼센트의 가족이 대가족 형태였는데, 1989년의 조사에서는 3퍼센트의 가족만이 대가족 형태를 보여준다고 하였다. 우리나라의 가족 통계는 정확하게 알 수 없지만 1961년 5·16 군사정변이 발발하기 전까지는 거의

마음 vs 뇌

　모든 가족 형태가 대가족제가 바탕 되는 동족 마을이 중심을 이루는 로제토 마을과 유사했다. 그러던 것이 5 16 군사정변 후 산업화, 도시화가 가속화되면서 대가족제도가 급속하게 붕괴되어 핵가족제로 바뀌게 되었다. 이제는 흩어져 사는 형제자매들조차도 한자리에 모이는 일이 드물어졌고, 어쩌다 한자리에 모이는 일이 있어도 서로 냉랭한 모습까지 드러내 보이는 수가 많아졌다. 우리 사회도 최근 10여 년 사이에 심장병 발병률이 무려 여섯 배가 더 증가되었다고 하는 보도가 있는데 경악하지 않을 수 없다.

　이제 우리 사회도 따뜻하게 교감하는 인정 많은 사회로부터 경쟁과 개인의 이익만을 내세우는 이기적이고 비정한 사회로 바뀌어 가고 있어 씁쓸하기 짝이 없다. 최근 우리 사회에서 만연하는 우울증, 자살, 이혼, 심장병, 암 등의 발생 이면에는 사랑과 배려라는 따뜻함이 줄어들고 이기성이라는 메마른 독버섯이 무서운 속도로 자라나기 때문이다. 우리 모두는 사랑이라는 영혼의 물을 서로 나누어 마시면서 살아가는 위대한 존재라는 것을 잊어 가고 있지나 않은지 서글퍼진다.

　미국 케이스 웨스턴 리서브Case Western Reserve 대학교의 메달리Medalie라는 교수는 잠정적으로 심장병이 발생할 가능성이 있는 1만여 명의 성인 남자를 대상으로 재미있는 연구를 했다. 예비 환자들은 5년 이내에 심장병 발병 가능성이 정상인에 비해 무려 20배나 더 높은 예비 심장병 환자들이다. 그런데 이 예비 환자 가운데 아내가 자기를 사랑해 준다고 말하는 사람들은 그렇지 않다고 말한 사람들에 비해 심장병 발병률이 반으로 줄었다. 다시 말해 아내로부터 사랑을 받고 있다고 느끼면 심장병 발병률이 절반으로 줄어든다는 것이다. 메달리 교수는 이번에는 지금 당장에는 십이지장궤양의 징후를 보여주지 않지만 5년 이내에 이 병이 발생될 위험 요인을 갖고 있는 8,500명의 십이지장궤양 예비 환자를 대상으로 5년에 걸쳐 연구했다. 이 환자들 가운데 아내가 자기를 사랑해 준다고 한 사람들은 그렇지 않다고 한 사람에 비해 발병률이 1/3로 줄어들었다. 아내로부터 사랑받지 못한다고 한 사람이 위궤양에 3배나 더 많이 걸렸다는 것이다.

이처럼 타인으로부터 사랑과 배려를 받으면 질병 발생이 예방되고 반대로 사랑과 지지가 부족하면 질병이 쉽게 발생한다. 19세기 결핵균을 발견한 공로로 노벨의학상을 받은 로버트 코흐Heinrich Hermann Robert Koch는 특정 질병은 특정 세균에 의해 발병하므로 이 특정 세균을 찾아 박멸하는 것이 병의 치료라고 강조했다. 만약 코흐의 견해가 절대적이라면 어떻게 사랑이나 배려와 같은 심리적 요인이 질병을 예방하고 치료할 수 있겠는가?

특정한 세균이 특정한 질병을 일으키려면 면역계, 신경계, 내분비계로 침투해 들어와 신체 내 환경을 교란시켜야 한다. 그러나 사랑과 배려를 받아 마음이 평화롭게 유지되면 비록 세균이 침투해 들어온다 하더라도 세력을 퍼뜨릴 수 있는 신체 내 환경을 마련할

마음 vs 뇌

수 없다. 다시 말해 사랑과 배려라는 심리적 태세가 세균 침투에 대한 튼튼한 방어 기제를 마련해 주기 때문이다. 비록 특정 플루균과 같은 바이러스에 똑같이 노출되더라도 모든 사람이 똑같이 그 병에 걸리지 않고 오직 스트레스를 많이 받은 사람이나 병약하거나 노화로 인해 면역 기제가 약해진 사람이 더 잘 걸린다.

마음이 평화롭고 타인들과 따뜻한 관계를 잘 유지해 가는 사람들이 병에 잘 걸리지 않는 이유는 면역 기능이 활발하여 세균 활동을 약화시켜 질병에 대한 내성을 높여 주기 때문이다. 코흐와 같은 세균학자로 위대한 미생물학자인 파스퇴르도 특정 세균이 특정 질병을 일으킨다고 하는 코흐의 입장에 기본적으로는 동의했다. 그러나 임종을 앞두고 입장을 바꾸어 다음과 같은 유명한 말을 남겼다. "세균은 별것 아니야, 토양이 전부야Le germe n'est rien, C'est le terrain qui est tout." 파스퇴르가 남긴 이 명언을 다른 말로 하면 질병 발생에 있어 세균은 부분적 역할만 할 뿐 그 밖의 요인들이 더 중요한 역할을 한다는 것이다. 그 밖의 요인은 바로 사랑과 배려와 같은 마음의 요인, 따뜻한 인간관계와 같은 사회적 요인, 믿음과 신념과 같은 영성적인 요인 들이다. 이것이 그가 말한 "토양"인 셈이다. 나와 남에 대한 따뜻한 배려와 사랑이야말로 진정한 건강을 위한 토양이요 보약이다.

3.
부모가 따뜻하다고 느껴지면 건강하다 :
하버드와 존스 홉킨스의 연구

따뜻한 사랑과 배려 그리고 사람들과의 좋은 인간관계가 질병 감염을 낮출 수 있다는 재미있는 실증적 연구가 있다. "하버드 대학 연구"라는 것이 바로 그것이다. 딘 오니시 Dean Ornish가 쓴 『사랑과 생존 Love and Survival』이라는 책에 다음과 같은 내용이 소개되어 있다.

1950년대 하버드 대학 학부에 재학하고 있던 건강한 학생 125

명에게 자신의 부모에 대한 느낌이 어떠한지를 물어본 질문지 조사의 결과를 찾아내었다. 그리고 그 후 35년이 지나 이들의 나이가 50대 후반이 되었을 때 그들의 건강 상태가 어떠한지를 조사하여 서로 비교해 보고 분석해 본 결과 다음과 같은 놀라운 사실이 드러났다.

35년 전 대학에 다닐 때 어머니에 대해 긴장되고 냉정한 느낌을 가졌다고 한 사람은 그동안 91퍼센트가 관상성 심장병, 고혈압, 십이지장궤양, 알코올 중독과 같은 심각한 질병을 보여주었다. 반면에 어머니와 따뜻하고 친근한 관계를 느낀다고 한 경우는 45퍼센트만이 질병에 걸렸다. 정확하게 반 이하로 줄었다. 어머니에게서 따뜻한 관계를 느낀다고 하는 것이 실로 엄청난 질병 발생의 예방 효과를 보여준 것이다.

35년 전 아버지에 대해 긴장감과 냉정함을 느꼈다고 한 경우는 82퍼센트가 질병에 걸렸지만 따뜻하고 친근한 관계를 느꼈다고 한 경우는 50퍼센트만이 질병에 걸렸다. 아버지와의 관계도 어머니와의 관계와 비슷한 효과를 보였지만 어머니와의 관계에는 미치지 못하였다.

더욱 놀라운 사실은 어머니와 아버지 모두 긴장감과 냉정함을 느꼈다고 한 경우는 100퍼센트가 질병에 걸렸다. 어머니는 따뜻하지만 아버지가 냉정하다고 한 경우는 75퍼센트, 반대로 아버지는 따뜻하지만 어머니는 냉정하다는 경우는 83퍼센트가 질병에 걸렸다.

이 연구에서 볼 수 있는 것처럼 부모와의 관계를 "따뜻함"으로 지각하는 것만으로도 스트레스에 의한 신체 손상이나 병균 침입에

부모가 따뜻하다고 느껴지면 건강하다:
하버드와 존스 홉킨스의 연구

의한 부정적 영향을 약화시키고 면역 기능을 높여 치유력을 키워 준 것이다. 따뜻함이란 심리적 요인이 건강을 지켜주는 양약이요 보약인 것이다.

또한 오니시는 존스 홉킨스 의과대학에서 연구한 결과도 소개하고 있는데 이 연구에서는 하버드 연구와 유사한 결과를 보여주었다. 존스 홉킨스의 연구는 대학에 다닐 때 부모와의 관계의 질을 알아본 결과와 50년 후 암 발생과의 상관관계를 알아본 연구이다. 50년 후 암을 보인 환자는 대학 재학 당시 부모와의 관계가 가깝지 못하다고 기술한 학생이 많았다. 또 이 연구에서는 부모와의 관계 악화라는 심리적 요인이 흡연, 음주, 방사선 노출과 같은 암 발생 위험 요인들보다 암 발생에 더 높은 예언 지표가 된다는 것이다.

암 이외에도 50년 동안 자살을 시도했다거나, 정신 질환 때문에 입원했던 경우, 악성종양의 출현의 경우도 재학 당시 부모와의 관계가 가깝지 못했다고 기술한 학생에서 더 많이 발생했다. 이처럼 젊은 시절 부모를 비롯하여 인간관계에서 어려움을 보였던 이들은 그 후 50년 동안 암을 포함하여 여러 질병의 출현이 더욱 잦아졌다고 볼 수 있는 것이다. 부모와 따뜻한 관계를 맺고 있다는 것이 심리적 충격으로부터 보호받는 완충망인 것이다.

4. 따뜻한 인간관계가 심장병과 암을 치료한다

앞서 이탈리아에서 이민 온 사람들을 대상으로 한 펜실베니아의 로제토 연구라든지, 캘리포니아 샌프란시스코 근교의 알리메다 카운티 사람들을 대상으로 한 연구에서 살펴본 것처럼 따뜻한 인간관계가 질병의 예방에 중요하다. 즉 이러한 연구들에서는 따뜻한 이웃과의 관계가 암이나 심장병과 같은 심각한 질병의 예방에 중요한 요인이 된다는 것을 보여주었다.

이번에도 오니시가 연구한 재미있는 사례 하나를 소개하겠다.

따뜻한 인간관계가 심장병과 암을 치료한다

이 사례는 일본 본국에 사는 일본인, 하와이의 호놀룰루에 사는 일본인, 그리고 샌프란시스코에 사는 일본인을 대상으로 심장병 발병률이 어떻게 다른가를 연구한 이른바 "니Ni 혼Hon 산San"이란 유명한 연구다. 이 연구는 모두 1,900명을 대상으로 했는데 심장병의 발병률이 일본Nippon 본토에 있는 일본인이 제일 적었고, 다음으로는 호놀룰루Honolulu의 일본인이었고, 제일 많이 발생한 곳이 샌프란시스코San Fransisco에 사는 일본인이었다. 이처럼 미국 본토 쪽이 제일 많고 일본 열도 쪽이 제일 적었는데 그 이유가 과연 어디에 있을까? 우선 흡연, 음식물, 혈압, 콜레스테롤과 같은 요인 등이 심장병 발병의 중요 생물학적 요인으로 고려되었지만 이런 요인들의 차이는 아니었다. 왜냐하면 일본 본토에 사는 사람들이 가장 흡연을 많이 했고, 기타 요인에 있어서는 세 지역 간에 별다른 차이가 없었기 때문이다.

  그 후 연구자들은 캘리포니아에 사는 일본인들 가운데 전통적인 일본 문화를 지키고 생활하는 재미 일본인들, 다시 말해 이웃들과의 관계망이나 친구들 간의 연대감이 공고하고 동족 마을을 이루는 등 일본식 전통을 비교적 잘 유지하고 있는 사람들일수록 일본 본토에 사는 일본인들처럼 심장병의 발병률이 낮다는 것을 알게 되었다. 이와는 대조적으로 서구인과 유사한 개인주의적인 성향을 가진 일본인 집단원일수록 심장병 발병률이 3배에서 5배까지 더 많이 증가한다는 것을 발견하게 되었다. 이처럼 따뜻하고 밀접한 인간관계의 망이나 가족 연계가 심장병의 발병이나 조기 사망을 낮추는 데 유효하다는 것이다.

1989년 스탠포드 의과대학의 정신과 교수 데이비드 스피겔 David Spiegel 박사는 유방암 환자를 사회적 지지라는 심리적 중재법으로 치료했다고 하는 흥미 있는 연구 결과를 발표하여 세상을 놀라게 했다.

스피겔 박사가 이 연구를 착수하게 된 의도는 사랑 또는 사회적 지지와 같은 심리적 개입이 유방암 환자의 생존 기간을 연장시킬 수 있다는 예일 대학의 시겔 Siegel 박사의 견해가 잘못된 것일 수 있다는 점을 논박하기 위해 시도한 것이다. 스피겔은 이렇게 말했다. "우리는 불안, 우울, 또는 고통을 감소시키기 위한 심리적 개입 방법이 유방암의 진전에 별다른 영향을 미치지 않을 것이란 점을 확인하려고 이 연구를 시도하였다."

스피겔은 유방암 환자들을 무작위로 두 집단으로 나누고 두 집단 모두 전통적인 유방암 치료 방법인 화학적 치료, 외과적 수술, 방사선 치료, 약물 치료 등을 실시하였다. 그러나 두 집단 가운데 한 집단에게는 매주 한 차례씩 한 번에 90분간 집단적으로 만나 서로 자신들의 병에 대해 느끼는 감정을 솔직하게 털어놓고 이야기를 나눌 수 있도록 하였다. 그들은 유방 수술로 인해 몸매가 망가져 고민이라는 이야기, 죽음에 대한 공포감, 친구나 배우자들로부터 버림받고 있다는 느낌과 함께 그들에 대한 실망과 미움 등등을 숨김없이 이야기함으로써 서로 간에 위안을 받고 서로가 지지받는 느낌이 들도록 했다.

이 집단의 리더는 여자 정신과 의사, 사회사업가 그리고 실제로 유방암을 앓고 치유된 경험이 있는 심리치료자 이렇게 세 사람이었다. 환자들에게는 매주 정기적으로 이 모임에 참석하여 자신의 기분이나 시시한 이야기를 속 시원히 털어놓도록 하게 했을 뿐, 이 모임에 참여하는 것이 암의 진행에 좋은 효과가 있을 것이라는 선입견적인 믿음은 갖지 못하도록 특별히 조심하였다. 다만 환자들은 자신의 체험을 통하여 어려운 상황을 극복해 나갔던 이야기를 솔직하게 들려주어 다른 환자들에게 도움이 되도록 하고, 또한 환자들끼리 서로 친밀한 유대감을 갖고 서로 믿고 수용하는 신뢰의 관계가 이어져 가도록 배려해 주었다.

그들이 나누었던 이야기들 가운데 계속된 방사선 치료 때문에 식도가 좁아져 괴로움을 겪고 있던 한 환자의 넋두리를 대표적 예로 들어보자. "나는 세상에서 점차 격리되는 외로움을 느끼게 되었다. 식당에서 수프를 마시려고 하는데 너무나 고통스러웠다. 그러나 다른 사람들은 저렇게 자연스럽게 음식을 잘 먹으면서도 자기가 진정 행복한 줄 모른다는 생각이 들더라."고 했다. 이 치료 집단에 속하는 여인들은 병원에 치료받으러 다니면서 시도 쓰고 그림도 그리는 등 취미 활동을 하고, 동료가 죽은 경우에는 문상도 갔다. 이렇게 일상 생활을 자연스럽게 하게 함으로써 이들이 가족이나 친구로부터 소외되는 격리감을 가능한 한 이겨 내도록 한 것이다.

    이런 식으로 1년간 이 모임은 지속되었고, 그러는 동안 이들 사이에는 강력한 유대감과 친화력이 생겼다. 당시 과학 학술지에는 "사랑love"이라는 용어가 사용되지 않았음에도 불구하고 이 연구의 결과가 발표된 〈랜셋Lancet〉이라는 최고 권위의 의학 학술지에 "이들은 서로 '사랑' 하게 되었고, 서로 아끼게 되었다."는 표현을 썼다. 5년이 지난 후 스피겔은 그동안 이 환자들이 얼마나 살아남아 있는가를 알아보기 위해 이들에 관한 자료를 검토하다가 그 결과가 너무나 놀라워 그만 의자에서 굴러 떨어질 뻔했다는 경험도 고백했다. 지지 집단의 환자들은 지지받지 않는 대조 집단에 비해 무려 두 배 이상 더 오래 살고 있다는 놀라운 사실을 발견했기 때문이다.

    스피겔은 서로가 서로를 아껴주고 신뢰해 주는 따뜻한 인간관계의 형성만으로 이렇게 엄청난 효과가 있다는 데 놀라지 않을 수 없었다. 이것은 자신이 제시했던 가설이 완전히 무너지는 정반대의 결과였다. 이 연구는 암 치료에 있어서 사랑 또는 사회적 지지라는 마음의 요인이 중요한 요인이 된다는 것을 확인시켜 준 최초의 객관적 연구로 인정받고 있다. 스피겔의 이 연구는 건강심리학, 심신의학 또는 행

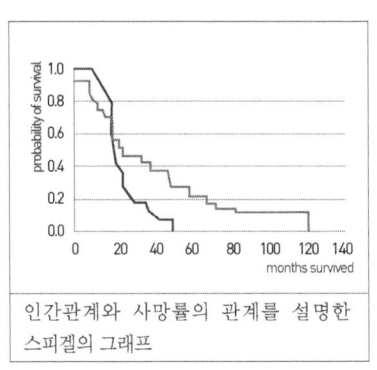

인간관계와 사망률의 관계를 설명한 스피겔의 그래프

따뜻한 인간관계가 심장병과 암을 치료한다

동의학 등의 교과서에 너무나도 자주 인용되는 대표적 연구이며 우리나라 텔레비전에서도 종종 방영되었다.

이번에는 캘리포니아 대학교 로스앤젤레스 분교에서 악성 흑색종을 가진 환자를 대상으로 사회적 지지의 효과를 알아본 포지F.I. Fowzy 박사의 연구를 살펴보자. 이 연구에서는 외과 수술에 의해 흑색종을 제거한 환자들을 지지 집단과 대조 집단으로 나누어 각 집단에 34명씩 배정하였다. 지지 집단에 속했던 환자들은 6주 동안 매주 한 차례씩 90분 동안 집단으로 모여 이야기를 나누면서 서로서로를 지지해 주었다.

그런 후 5~6년이 지나 다시 조사해 보았더니 6주간의 지지 모임에 참석하였던 환자들은 비교 집단의 환자들에 비해 통계적으로 의미 있을 정도로 더 오래 살았다는 것이 밝혀졌다. 즉 지지 집단에 속했던 34명 가운데 그간 3명만이 사망한 것에 비해 비교 집단의 환자는 10명이나 사망했다. 똑같은 기간 동안 3배 이상 더 많이 사망한 것이다. 그 밖에 5~6년 사이에 흑색종의 재발에 있어서도 지지 집단에서는 7명이 재발한 데 비해 비교 집단에서는 13명이 재발하여 재발률도 두 배 정도 높았다.

이처럼 단 6주간의 짧은 지지 모임에 참여했다는 사실만으로 5~6년까지의 생존율을 3배나 늘리고, 재발률을 반으로 낮추었다는 것은 놀랄 일이 아닐 수 없다. 이것은 앞서 스피겔의 유방암 환자의 경우와 더불어 사랑을 나누는 사회적 지지 훈련이 유방암이나 악성

종양과 같은 심각한 질병의 치료에 효과적임을 보여주는 객관적, 과학적 연구 결과들이다.

　이처럼 다른 사람과 만나 따뜻하게 관계지어가는 사랑의 나눔이 신체의 질병 치료에 중요한 영향을 미친다. 대부분의 사람들은 어린 시절 익힌 인간관계 방식대로 한평생을 살아간다. 그러므로 어릴 때 부모와의 관계, 형제자매들과의 관계, 동료나 친구들과의 관계에서 익힌 인간관계의 방식이 평생 되풀이된다. 그러나 포지의 연구에서 볼 수 있는 것처럼 단 6주간의 따뜻한 관계를 형성하는 사랑 나누기 훈련에 참여하는 것만으로도 좋은 영향을 받을 수 있다는 것을 알 수 있다. 6주 동안 서로 감정을 소통하는 것을 배우고, 서로서로 아끼고 격려하며 사랑하는 것을 배우고, 친밀하게 관계를 유지하는 동료 집단을 발견했다는 것이 이처럼 사람의 운명을 바꾸는 좋은 결과를 낳는다.

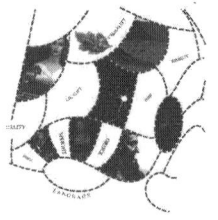

4 장

마음이 지닌 치유의 힘

1.
믿음에 바탕 둔 치료 : 티베트 의학

믿음에 깊은 뿌리를 두고 있는 치료 의학의 전형적인 예로 티베트 의학을 들 수 있다. 오늘날 티베트 의학은 전 세계적으로 주목을 받고 있다. 티베트는 히말라야 고산지대라는 지형적 특성 때문에 지난 천여 년간 다른 문화권과는 별다른 소통 없이 불교 신앙과 불교 의학의 바탕 위에 독특하게 발달되고 지속되어 왔다. 따라서 티베트 의학은 불교라는 신앙에 바탕을 둔 믿음이라는 심리치료 체계와 고산지대에서 자생하는 천연 약재에 바탕을 둔 약물 체계가 결합된 독

믿음에 바탕 둔 치료: 티베트 의학

티베트 승려가 시술을 하는 모습을 표현한 옛그림

특한 의학이다. 티베트 지방은 수천 미터의 고산지대로 세계의 다른 지방에서는 발견되지 않는 수많은 희귀한 약초들과 진귀한 광물질이 풍부한 천연 약재의 보고이다. 티베트의 산중에는 도처에 불교 사찰이 있고 이 사찰들을 중심으로 심오한 수준의 심신 수행법들이 전승되어 왔다. 따라서 이런 천혜의 조건과 심신 수행 전통이 아울러 있기 때문에 티베트 의학은 오늘날 가장 두드러진 보완대체의학의 하나로 주목받고 있다.

1959년 중국의 티베트 침공 이전까지 티베트 의학은 세상에 널리 알려지지 않은 채 고귀한 보석처럼 오염되지 않고 고산지대 속에 온전하게 존재해 오고 있었다. 그러나 중국의 티베트 침공으로 불교 수행은 불법화되었으며, 수천 명의 승려들이 감옥에 갇히고 처형되었고, 불교 수도원의 수가 2,400여 개에서 10여 개로 줄어들었다. 달라이 라마는 수천 명의 종교와 문화 지도자를 이끌고 티베트에서 인도로 망명하였다. 그들은 인도 북부 지방 히말라야 산록 2,100미터 고원에 자리 잡은 다람살라라는 작은 마을에 망명정부를 수립하고 고유의 불교와 문화 전통을 이어오고 있다.

그 후 많은 티베트 수행승들이 다람살라에서 미국으로, 유럽으로, 호주로, 뉴질랜드로 흘러 들어가면서 티베트의 불교, 문화, 그리고 의학이 전 세계인에게 선보이게 되었다. 1981년 하버드 대학의 벤슨 교수는 달라이 라마의 주선과 협조를 얻어 티베트 명상 수련자를 대상으로 명상하는 동안 일어나는 신체 변화에 대한 과학적 실험과 티베트 의사들의 환자 진료를 관찰할 수 있었다. 벤슨 박사는 티베트의 의사들이 어떻게 환자를 진료하고 치료하는지 목격한 바를 그의 저서 『이완반응을 넘어서 Beyond Relaxation Response』에서 이렇게 언급하고 있다.

"티베트 의사들은 천 년 이상의 고유한 티베트 의학의 전통에 따라 환자를 대한다. 그들이 환자를 치료하는 방식은 서구 의학의 방식과 여러모로 다른데, 이들은 주로 환자의 개인적 믿음을 중시한다.

환자를 진찰할 때 티베트 의사들은 한 시간 동안이나 환자의 맥을 짚는 데 소모한다. 티베트의 전통 의학에 따르면 맥은 환자의 심장 박동수 그 이상을 말해 준다고 한다. 또한 티베트 의사들은 맥을 짚어야 몸의 주요 기관과 신체 내부의 생리적 체계에 어떤 일이 일어나고 있는지를 알 수 있다고 믿는다.

서구 의사들과 달리 티베트 의사들은 소변 검사를 직접하며, 환자와 인간적으로 더욱 밀접한 관계를 맺고자 한다. 티베트 의사들은 소변을 병에 담아 검사실로 보내는 대신 의사 자신이 직접 눈으로 소변의 색을 보고 투명한지 아닌지 여부를 살피며, 냄새를 직접 맡아본다. 소변에 기름기가 보이거나 무언가 특별한 일이 있는지를 살펴보는 것이다.

이렇게 꼼꼼한 절차를 거치고 나서 환자의 병명을 알아내고, 치료법을 결정한다. 다음 단계는 이 병에 알맞은 약재를 선택하는 것이다. 티베트 의사들은 수천 가지나 되는 약초와 광물, 동물성 재료들 중 적절한 약재를 선택한다. 그중에는 뱀을 말린 것이나 쇳가루 같은 광물질도 있고, 진달래 뿌리 같은 것도 있다. 신기한 일은 우리의 현대적 의학 지식(서양의학)에는 위배되지만 많은 티베트식 치료법들이 두드러진 효과를 거둔다는 것이다."

티베트에서 가장 흔한 질병은 "룽rlung"이다. "룽"이라는 병은 불안과 가벼운 우울, 어지럼증 그리고 참을 수 없는 감정의 분출과 같은 심리적 증세가 특징이다. "룽"은 과다한 긴장, 장기간 동안 단백질 섭취의 부족이나 단식에 따른 영양실조, 또는 지나친 육체적 과로에서 기인한다고 믿는다.

"룽"은 흔히 명상수행을 잘못하여 오는 일종의 명상 후유증과 같은 것으로 간주되기도 한다. 다시 말해 "룽"은 마음을 집중하는 방법을 잘못해서 오는 경우가 많은데, 예컨대 명상의 대상에 마음을 집중하는 것에 대해 지나치게 부담감이나 중압감을 가질 때, 마음을 부드럽게 한 곳에 집중하지 못하고 억지로 집중하려 한다거나, 지나치게 애를 쓰거나, 마음이 산만하게 들뜬 상태를 잘 제어하지 못하고 방치해 둘 때 이런 병에 걸리기 쉽다고 한다.

명상 지도자는 "룽"에 걸린 수련자들에게 편안하고 자연스러운 대화를 통해 일단 마음을 안정시켜 준다. 이어 명상의 대상을 바꾸게 한다거나 명상하는 방법을 보다 친절하고 자세하게 일러 주어 스스로 바꾸어 나갈 수 있도록 도와준다. 그러나 이 단계에서도 "룽"이 계속되면 더 이상 명상을 하지 말도록 권고하고 단백질이 풍부한 음식물을 먹게 하며, 정신적 긴장을 풀도록 도와준 후 "룽" 치료에 적절한 천연 약재를 처방해 준다.

이처럼 친절한 명상 수련 지도와 적절한 천연 약재 처방을 주로 하는 티베트식 의술이 놀라운 치료 효과를 보인다. 티베트 의학에 항생제가 도입된 것은 극히 최근의 일이며 티베트 불교의 의술 수련 과정에서 외과 수술은 가르칠 수 없게 되어 있다. 뿐만 아니라 천여 년 이상 티베트 의사들은 서구 의학의 견해로 볼 때는 별다른 치료적 의미나 가치가 없어 보이는 풀뿌리나 광물질과 같은 가짜 약에 의존해 왔다.

그러나 서구 의학에서는 비록 가짜로 보이는 이러한 약물 처방이나 심신 치료법이 놀라운 효과를 거둔다는 것이다. 어째서일까? 그것은 "믿음"이라는 요소가 치료의 핵심 요소를 이루기 때문이다. 환자(초급 수행자)는 의사가 처방해 주는 이 치료법을 믿고, 의사(명상 치료자)도 이런 치료법으로 효과가 있을 것으로 믿으며, 환자와 의사 사이에 서로 긍정적이며 진실된 믿음의 관계가 잘 이루어져 있기 때문이다.

2.
마음으로 몸의 병을 치료하다 : 심신의학(플라시보)

최근 서양의학에서도 환자 개인의 믿음이 치료에 긍정적 영향을 미친다는 점을 인정하고 있다. 그러나 이런 믿음에 의해 치료가 진전되는 것을 서양의학에서는 "플라시보 효과placebo effect" 또는 가짜 약 효과라고 얘기하면서 대수롭지 않은 것으로 간주한다. 플라시보라는 말은 라틴어에 뿌리를 둔 말로 "나는 좋아질 거야I shall please."라는 뜻이다. 현대 서양의학에서는 처방하는 약물이나 치료 방법이 실제로 약리학적 유효 성분이나 치료 성분은 없지만 환자를 안심시키기 위해 처방할 때 이를 "플라시보" 처방이라 한다.

오늘날 서양의학에서 "심신의학Mind/Body Medicine"이라는 새로운 의료의 패러다임이 등장하면서 과거 막연하게 사용해 온 플라시보에 대한 정의와 이해가 새로워져야 한다는 입장이 강력하게 대두되고 있다. 플라시보 효과가 점차 과학적으로 입증되면서 마음이 몸에 미치는 힘이 얼마나 강력한지에 대한 확신과, 나아가 환자 개인의 치료에 대한 확고한 믿음이 다양한 신체 질병을 치유할 수 있음을 보여주고 있다.

1987년 이후 달라이 라마가 서구 의사들이나 심리학자들과 정기적으로 만나는 "마음과 생명 협의회"에서 불교 의학의 핵심은 첫째 환자의 믿음, 둘째 의사의 믿음, 그리고 셋째 의사와 환자 사이의 정신적 상호작용에서 발생하는 카르마※라고 강조하였다. 사실 불교 의학에 대해 회의적인 환자가 티베트 의사를 찾아가 치료를 받아본들 별 도움을 받지 못할 것이다. 그러나 의사와 환자가 모두 정신적으로 같은 믿음을 공유하고, 영적(신앙적)인 치유의 힘에 대해 서로 강력한 믿음을 갖고 있다면 놀랄 만한 치유의 효과를 얻을 수 있을 것이다. 더구나 치료자가 장시간 동안 환자의 병상 옆을 지키면서 환자의 고통에 대해 공감하고 따뜻한 대화로 격려해 주는 자비심의 실천은 치료의 효과를 극대화시켜 준다. 바로 이런 경우가 달라이 라마가 말하는 세 가지 믿음을 바탕으로 하는 "믿음의 치유"이고 현대 의학에서는 이것을 "심신의학"이라고 한다.

마음으로 몸의 병을 치료하다: 심신의학

　사실 서구의 의사들도 비록 불교 심리학이나 불교 의학에 대해서는 잘 모르지만 위에 든 세 가지 믿음의 치료 효과를 적극 응용하고 있다. 그러나 일반적으로 서구 의사들은 플라시보 효과에 대한 이해가 깊지 못하기 때문에 그 효과를 처음부터 간과해 버리는 수가 많다. 그래서 서구의 의사들은 똑같은 처방으로 치료하는데도 어떤 환자는 치료 효과가 있는데 왜 다른 환자들은 치료 효과가 없는지를 의심하게 된다. 만약 이런 의심을 품은 의사가 환자에게 당신의 병은 꼭 나을 수 있다는 믿음을 갖는 것이 중요하다고 말해 주고, 또 내가 최선의 의학적 방법을 총동원하여 성심껏 치료하겠다는 긍정적 다짐을 환자에게 보여준다면 치료될 가능성은 더욱 높아질 것이다. 만약 이렇게 해서 치료의 효과가 실제로 발생되었다면 바로 믿음에 따른 치료 효과로 볼 수 있다. 따라서 환자에게 치료될 수 있다는 믿음과 희망을 북돋아 주는 의사야말로 최고의 의사가 아니겠는가. 동양의학에서는 바로 이러한 마음으로 치료하는 의사를 심의(心醫)라고 부르고 최고 수준의 의사로 본다.

　꼭 의사가 아니더라도 친구나 가족과 같이 믿을 만한 사람과 함께 있는 것만으로도 환자의 치료나 회복에 도움이 된다. 이때 가족이나 친구가 바로 플라시보 효과를 준 것이다. 유명한 예로 심리학 개론 교과서에까지 소개된 중남미의 과테말라의 산모를 대상으로 한 연구가 있다. 과테말라에서는 진통을 시작한 산모 곁에 친구나 가족이 함께 있어서 격려해 주는 전통이 있다. 분만 과정에 친구나 가족이 같이 자리했던 산모는 그렇지 못한 산모들에 비해 합병증의 발병률이 현저히 낮았고, 진통 기간도 짧았으며, 출산 자체도 쉬었다고 한다. 이 산모들은 아기를 낳고 나서 깨어 일어나 앉아 있는 시간도 더 길고, 아기를 보고 보다 기뻐하며, 보다 잘 얼러 주고, 안아준다고 한다.

또 하나의 예로 외과 수술에서 회복되는 시간에 마취의사가 보여주는 친절성의 정도가 어떤 영향을 미치는가를 알아본 연구 사례도 있다. 첫 번째 집단은 수술에 대해 극히 전형적인 일반적 수준의 태도를 보여준 대조 집단이다. 즉 이들에게는 마취의사가 수술에 대해 간단하게 설명해 주고, 예상되는 회복 시간을 말해 주는 정도로 특별한 관심을 베풀어 주지 않았다. 반면 두 번째 집단에게는 마취의사가 수술에 앞서 환자의 불안에 귀 기울여 주고, 수술에 대한 질문에 친절하게 대답해 주고, 또 회복 기간 동안 통증이나 불편을 겪을 때 어떻게 해야 하는지에 대해서도 자세하게 설명해 주었다. 이 집단의 환자에게는 환자 한 사람당 평균 5분 정도 여분의 시간을 내어 수술 후 회복에 대해 낙관적인 태도와 자신감을 가질 수 있도록 격려해 주었다.

수술 후 두 집단 사이에는 극명한 차이가 나타났다. 두 번째 집단, 즉 의사가 개인적으로 관심을 기울여 준 집단은 첫 번째 집단에 비해 절반 정도 수준의 진통제 처방을 요구했고, 수술에서 회복되는 시간도 2~7일이나 더 빨랐다. 이처럼 환자를 따뜻하게 대해 주면 회복 과정에서 큰 변화가 있음을 알 수 있다. 다시 말해 긍정적인 방향으로 믿음을 가지면 신체에 뚜렷한 긍정적 영향을 미칠 수 있다.

플라시보 효과를 일으키는 데 관여하는 뇌 기제를 찾아보려는 연구도 활발하다. 1993년 하버드 의대의 코실린Kossyln, s.박사 팀은 진짜 정보와 상상적인 정보를 처리하는 두뇌의 기제가 서로 다른지 여부를 밝히려 했다. 처음에는 피험자들의 면전에 문자가 적혀 있는 격자를 제시하고 그것을 쳐다보고 있는 동안 뇌의 어떤 부위에서 활동이 나타나는지 알아보기 위해 양전자방출단층촬영(PET)을 했다. 다음에는 같은 피험자에게 문자가 적혀 있지 않은 격자를 제시하면서 앞서 실제로 문자가 적혀 있는 격자를 보았던 것처럼 상상해 보라고 하면서 PET 촬영을 했다. 결과는 실제 문자가 적혀 있는 격자를 보는 경우나 문자가 있다고 상상하며 격자를 본 경우나 모두 뇌의 활동 기제가 같았다. 다시 말해 마음으로 상상해서 본 것이나 실제로 보는 것이나 작용하는 뇌의 기제가 같다는 것이다. 이것은 상상에 의해 일어나는 효과가 실제로 일어나는 효과와 같다는 플라시보 효과를 과학적으로 설명해 주는 데 도움이 되는 발견이다.

이렇게 생각, 감정 그리고 기억과 같은 마음의 작용은 특정한 뇌 부위들의 활동들과 서로 연결되어 있다. 다리에 대한 신체적 통증 자극은 특정한 뇌 부위들을 활성화시킨다. 그러나 다리에 실제로 통증 자극이 없는데도 불구하고 상상에 의한 통증이 특정한 뇌 부위들을 활성화시켜 통각을 경험할 수도 있다. 예컨대 다리가 절단되어 없어진 후에도 절단된 부위의 다리에 통증을 느끼는 이른바 환지통 幻肢痛이라는 경우가 바로 그렇다. 실제로 약리작용을 하지 못하는 당의정을 먹고서도 이 당의정이 통증을 제어시켜 줄 것이라고 상상하면 실제 진통제를 먹고 통증이 제어되는 뇌 기제와 똑같은 뇌 기제가 작용할 수 있다는 것이다. 즉 상상이란 마음의 작용이 실제 뇌 기제를 작동시켜 통증을 제어하고 치유해 주는 것이다.

현대 심신의학의 창시자라고 불리는 하버드 의대의 벤슨 박사는 그동안 사용되어 왔던 플라시보 효과 즉 가짜 약偽藥 효과라는 용어는 잘못된 것이라고 지적한다. 그는 나을 것이란 믿음에 의한 치료의 효과를 "상상에 의한 건강remembered wellness"이란 말로 바꾸어야만 한다고 했다. 우리가 상상하기에 따라 몸의 건강이 좋아진다든지 마음에 의해 몸의 컨디션이 호조를 띤다는 말이 바로 이 경우이다.

최근의 연구들은 이완반응 명상이나 마음챙김 명상과 같은 마음 훈련을 통해 스트레스 반응에 효과적으로 대처하고 각종 만성질환을 치료할 수 있다는 것을 밝혀내고 있다. 이러한 과학적 검증에 힘입어 마음 훈련을 바탕으로 하는 심신의학이 보완대체의학 또는 통합의학의 핵심을 이루는 것이다.

의학medicine이란 용어와 명상meditation이란 용어는 어간이 "medi"로 동일하다. medi란 라틴어의 mederi에서 연유한 말인데, "치료하다"는 뜻이다. 또 mederi는 어원적으로 measure에서 파생한 말이라 한다. 따라서 의학과 명상은 몸과 마음이 정상인지 아닌지를

마음으로 몸의 병을 치료하다: 심신의학

측정한 후, 본래의 모습으로 되돌아 간다는 데 그 바탕을 두고 있다. 오늘날 현대 의학은 몸의 측정(생물학적 기능)에 지나치게 기울어져 있다. 그러나 우리는 마음에 이상이 있으면 몸에 이상이 따르고, 몸에 이상이 있어도 또한 마음에 이상이 따르는 것은 경험만으로도 쉽게 알 수 있다. 이처럼 마음과 몸은 하나의 실체이다. 몸의 병을 고치려면 마음을 먼저 다스려야 하는 지혜가 참으로 요구된다.

3.
종교를 믿으면 건강이 좋아진다 : 영성치료

"믿음과 치유" 특집이 실렸던
1996년 6월 24일자 〈Time〉지

〈타임Time〉지 1996년 6월 24일자 표지 기사의 제목은 "믿음과 치유Faith and Healing"였다. 영성이 과연 신체 건강을 증진시킬 수 있을까? 과학자들은 이에 대해 몇 가지 놀라운 증거를 발견했다고 보도하고 있다. 과연 어떤 내용을 다루었는지 살펴보자.

"1995년 다트머스 대학의 메디컬 센터에서는 심장병 수술로부터 살아남은 232명의 환자들을 대상으로 연구하였다. 생존자들은

종교를 믿으면 건강이 좋아진다: 영성치료

자기들이 살아남은 가장 중요한 요인으로 종교적 신앙으로부터 위로와 힘을 받았기 때문이라고 보고했다. 종교적 믿음이 없다고 한 사람은 믿음이 있다고 한 사람에 비해 3배 이상 더 많이 사망했다. 이처럼 종교적 믿음은 심장병과 같은 심각한 질병으로부터 회복되는 데 강력한 힘을 발휘한다.

미국 국립 보건원의 연구원인 데이비드 라르손David Larson 박사는 30여 년에 걸쳐 고혈압 환자의 혈압을 체크해 보았더니 교회에 나가는 사람들이 교회에 나가지 않는 사람들에 비해 평균 5밀리미터 정도 혈압이 더 낮았다고 한다. 그리고 정기적으로 교회 예배에 참여하는 사람은 가끔 또는 전혀 참석하지 않는 다른 사람에 비해 다른 위험 요인들을 다 통제해 놓고 보더라도 심장병 발병률이 절반으로 줄어든다고 했다. 바로 종교적인 믿음이 심장병을 예방한다는 것이다.

많은 연구들에서 종교를 열심히 믿는 사람들은 그렇지 않은 사람들에 비해 우울증이나 불안 관련 질환도 유의미하게 적게 발생하고 자살률 같은 것도 1/4 정도로 줄어든다고 한다. 그 밖에 종교를 믿는 사람은 음주, 약물 남용, 흡연율 등도 유의미하게 적으며 건강한 생활 습관을 잘 지켜 나간다고 알려져 있다.

왁스만Waxman 박사는 종교적 믿음이나 사회적 지지가 심장 수술 후 사망률에 미치는 영향을 6개월에 걸쳐 연구하였다. 왁스만은 환자들에게 교회, 클럽, 기도소 등의 집단 모임에 정기적으로 참가하는지 여부와 자신이 믿는 종교로부터 또는 종교와는 관계없이 자신이 믿는 어떤 정신적 신념으로부터 어떤 힘을 얻었다거나 정신적 위안을 받은 적이 있는지 여부도 알아보았다. 교회를 비롯한 단체 모임에 잘 참석하지 않는 사람들은 비록 심장 수술 후 적절한 의학적 치료를 받았음에도 불구하고 정기적으로 종교 모임에 참석한다는 사람들보다 자그마치 네 배나 사망률이 더 높았다. 또한 자신이 믿고 있는 종교에서 어떤 힘이나 위안을 받지 못했다고 한 사람들은 힘이나 위안을 받았다고 한 사람에 비해 세 배나 더 많이 사망하였다."

　　이 연구는 어떤 종교 집단의 모임에 잘 참여하지 않고 믿는다는 종교로부터 어떤 위안과 특별한 힘을 얻지 못했다고 한 사람은 건강이 좋지 못하다는 결론을 내린다. 특히 놀라운 것은 정기적으로 어떤 모임에도 나가지 않고 자신이 믿는 종교에서 어떤 힘이나 위안도 받지 못한다고 한 사람은 수술 후 6개월 내에 자그마치 일곱 배나 더 많이 사망했다고 한다. 이것은 너무나 놀라운 극단적인 결과이다. 이 연구는 어떤 종교이건 관계없이 독실한 믿음을 갖고 자신이 믿는 종교 집회에 열심히 참여하여 수행하면 보다 건강하게 살아가는 데 큰 도움이 된다는 것을 객관적인 자료로 뒷받침해 주는 것이다. 종교를 믿는 신앙심이야말로 영혼의 생명수이기 때문에 건강하게 오래 살아가게 하는 힘이 되는 것이다.

4.
신앙심과 뇌 활동

 종교적인 믿음이 건강에 유익한 영향을 끼치게 하는 데 특별한 생리적 기제가 있을까? 벤슨 박사가 이 문제에 대해 설득력 있는 가설을 내놓았다. 벤슨은 스트레스 관련 질병을 보이는 환자를 대상으로 이완반응이란 명상법을 적용해 성공적으로 치료할 수 있다고 주장한다. 즉 이들이 이완반응 명상을 하면 심장 박동률, 호흡률, 그리고 뇌파가 느려지고 근육의 긴장이 이완되며 아드레날린이나 기타 스트레스 관련 호르몬의 분비가 감소된다. 이완반응 명상을 정기적으로 수련하면 불면증 환자의 75퍼센트가 정상적으로 수면을 할 수 있게 되고, 불임증으로 고생하는 부인의 35퍼센트가 임신을 할 수 있게 되며, 만성통증 환자의 34퍼센트가 진통제 사용 용량을 대폭 낮출 수 있다고 보고하고 있다.

 벤슨은 이완반응 명상을 하는 동안 "신God"에게 강하게 밀착되는 느낌을 가졌다고 보고한 만성통증 환자를 5년 동안 연구하였다. 신과 밀착감을 느꼈다고 한 환자는 보다 건강해졌고 통증 회복도 빠른 것을 발견하였다. 벤슨 박사는 종교적 기도나 이완반응 명상이 같은 생화학적 통로를 활성화시킨다고 보았다. 즉 기도도 이완반응과 마찬가지로 아드레날린과 기타 코티졸 같은 스트레스 호르몬 분비를 낮추어 혈압을 낮추고 심장 박동률과 호흡률을 이완시켜 몸에 유익한 결과를 일으킨다고 주장하였다.

 그렇지만 이완반응을 일으키는 뇌 속 센터와 종교적 경험을 일으키는 뇌 속 센터가 일치하는지는 아직까지 정확하게 알 수가 없다. 그러나 이완반응은 뇌 속에 아몬드처럼 생긴 편도체amygdala라는 부위에서 통제받는다. 편도체는 해마, 중격핵, 대상회 그리고 시상하부에 있는 구조들과 함께 변연계라는 뇌 구조를 만든다. 변연계는 각종 정서, 성적 쾌감, 오래된 기억, 그리고 영성적 체험에 결정적인 역할을 담당하고 있는 뇌 부위이다. 뇌수술 과정 중에 해마나 편도체 부위를 전기적으로 자극하면 천사나 악마를 본다고 하는 사람도 있다. 약물 남용 때문이거나 뇌종양 때문에 변연계가 만성적으

신앙심과 뇌 활동

로 자극받는 사람은 종교적으로 광신자가 되는 수가 많다. 조셉Joseph이란 신경과학자는 종교적 체험을 할 수 있도록 해주는 신경-해부학적 바탕이 있다고 강력하게 주장한다. 아마도 종교 체험을 하도록 해주는 뇌 부위는 변연계의 해마나 편도체인 듯 주장하지만 아직은 확실하지 않다.

우리는 앞에서 플라시보 효과를 "상상에 의한 건강"이라는 말로 바꾸어 표현해야 한다는 벤슨 박사의 주장을 살펴본 바 있다. 그는 종교를 믿음으로써 얻어지는 건강도 일종의 "상상에 의한 건강"인데 단순한 이완반응보다 그 효과가 훨씬 더 강력한 것이라고 주장했다. 그는 병의 치료에 있어서 믿음faith은 놀라울 정도의 효과를 가지고 있어서 거의 모든 질병의 60~90퍼센트를 믿음을 통해 성공적으로 치료할 수 있다고 1997년에 쓴 『영원한 치유』 속에 기술하고 있다. 그는 믿음이 갖는 무한하고 확실한 힘을 믿는다면 그 치유의 힘은 상상을 초월할 정도로 위대하다고 강조하고 있다.

2001년 8월 1일자 〈사이언스Science〉지에는 믿음의 효과에 관한 획기적인 논문이 발표되었다. 캐나다의 브리티쉬 콜롬비아 대학의 퓨엔테-페르난데스Fuente-Fernandez 박사 팀이 파킨슨씨병 환자를 대상으로 PET로 연구한 것이다. 즉 이 연구에서는 환자에게 플라시보 약물을 처방했을 때와 대표적인 파킨슨 치료 약물을 처방했을 때의 뇌 영상 사진을 통해 두 경우를 서로 비교한 것이다. 결과에 의하면 플라시보나 실제 약물이나 뇌 영상 활동이 동일했다는 것이다.

즉 믿음에 따른 상상의 효과나 실제 약물의 약리 효과가 유사하다는 것이다. 이것은 플라시보 효과를 일으키는 뇌 부위와 실제 약물 효과를 일으키는 뇌 부위가 일치한다는 객관적인 증거이다. 앞으로 이 문제는 큰 화젯거리가 될 것이며 더욱 구체적인 연구들이 뒤따를 것으로 예상된다.

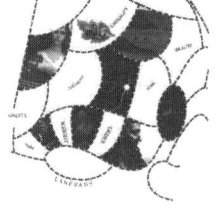

5장
명상 수련에 따른 몸과 뇌의 변화

1.
다람살라로 간 벤슨 박사

1971년 데이비드-닐David-Neel은 『티베트의 마법과 신비Magic and Mystery in Tibets』라는 책을 출간했다. 그는 이 책에서 티베트 승려의 수행에 관해 언급하고 있는데, 그중 이런 이야기가 있다.

"…나는 그 수행승의 고요하고 태연자약한 얼굴과 보이지 않는 허공에 있는 어떤 한 점을 응시하면서 열려 있는 눈동자를 볼 수 있었다. 앞으로 내달리지는 않고 마치 점프하는 듯이 자기 자신을 땅바닥으로부터 위로 들어 올리는 것 같았다. 고무공이 튀어 오르듯

발이 땅에 닿을 때마다 연속하여 계속 튀어 올랐다. 시계의 추처럼 매우 규칙적으로 계속 반복하였다…

비밀스럽게 전해 오는 고수들의 이야기 가운데 오랜 수련을 거친 렁곰-빠Rung gom-pa 수련자는 일정한 거리를 달린 후부터 발이 땅에 닿지 않고 놀랄 만큼 빠르게 공중으로 미끄러져 나간다고도 한다.

땅에 사람 키만 한 깊이의 구덩이를 파고 난 후 그 구덩이 위에 사람 키 높이만큼 둥근 지붕을 얹고 지붕 꼭대기에 구멍을 낸다. 구덩이 바닥에 수련자가 가부좌를 틀고 앉는다. 바닥에서부터 지붕 위의 구멍 사이는 사람 키의 두 배 정도 높이가 된다. 수행승은 가부좌를 튼 채 바닥에서부터 구멍까지 뛰어오르는 시험을 하여 그 구멍을 빠져나와야 한다.

사람들은 자기 고향에서 이런 시험이 있다고 말했지만 내가 직접 목격하지는 못했다. 수행승은 알몸으로 가부좌를 틀고 바닥에 앉는다. 얼음물에 담근 물수건을 몸에 두르고 자신의 몸에서 나는 체열을 통해 이 수건을 말려야 한다. 수건이 마르면 다시 수건을 물에 담그고 몸에 감는다. 이런 행동을 반복한다. 이 일은 동틀 때까지 계속된다. 제일 많이 물수건을 말린 수행승이 승자가 된다.

젖은 수건을 말리는 것 외에도 수행승들의 몸에서 나오는 열을 측정하기 위한 다양한 시험들이 있다. 그중 하나는 눈 위에 앉아 열을 발산하여 눈을 녹이는 시험이다. 눈이 녹은 양과 깊이로 수행승의 능력을 측정하는 것이다."

티베트 여행에 관한 데이비드 닐의 책을 읽은 하버드 의대 내과 교수인 벤슨 박사는 티베트 승려를 대상으로 과학적 연구를 하고 싶은 욕망을 느꼈다. 만약 데이비드 닐이 언급한 것이 사실이라면 전혀 새로운 과학적 연구의 장을 열 수 있지 않을까? 그러나 막상 연구에 착수하려니 엄청난 난관이 가로막고 있다는 것을 알게 되었다.

우선 1959년 중국의 티베트 침공 이후 티베트 땅에서는 불교가 불법화되어 수행승이 없다는 것이다. 이제 이런 티베트 수련승을 찾으려면 티베트 망명 정부가 있는 인도 북부 히말라야 산록에 있는 다람살라로 가는 수밖에 없다.

또 한 가지 장벽으로는 대부분의 종교 수행자들은 자신들의 수행 능력을 과학적으로 연구하는 데 가치를 두지 않기 때문에 과학적 연구에 응하지 않을 것이란 것이다. 수행자들은 그들 스스로 몸과 마음에 어떤 일이 일어나고 있는지를 경험적으로 잘 알고 있기 때문에 굳이 입증해 보여야 할 필요성을 느끼지 않는다. 또 다른 난관으로는 다양한 명상적인 의식은 종교적 전통에 따라 이루어지는 것이므로 이를 과학적으로 관찰한다는 것은 신성모독으로 간주되기 쉽다는 어려움이 있다는 것이다.

따라서 이러한 몇 가지 난관들 때문에 명상수행자들에게서 나타난다고 하는 신비한 현상들은 과학적으로 연구하기가 어려웠고 과거 시도한 몇몇 연구들도 극히 제한된 연구 보고밖에 할 수 없었다. 1950년대에서 1960년대에 프랑스나 영국의 과학자들이 요가 수

다람살라로 간 벤슨 박사

행자들이나 승려들에게 접근하였으나 수행자들은 연구자들이 나타날 때마다 더 깊은 동굴이나 암자로 몸을 감추었다고 한다. 그러므로 1970년대만 하더라도 과학자들이 승려들을 대상으로 과학적인 연구를 해보겠다는 것은 한갓 꿈일 뿐이었다.

그런데 1979년 티베트의 국가 원수이자 불교 지도자이며, 부처님의 환생으로 존경받는 달라이 라마가 미국을 방문한다는 뉴스가 보도되었다. 벤슨 박사는 달라이 라마를 친견할 수 있는지 비서에게 가능성을 타진했다. 벤슨은 달라이 라마에게 보낸 편지에서 "불교 명상의 연구에 관심을 표명하고 이런 연구가 다른 많은 종교에도 도움이 될 수 있을 것"이라는 뜻을 간곡하게 담았다.

곧 답장이 왔다. "달라이 라마께서 근간 하버드 대학을 방문하여 연설할 계획이 있는데 그때 정확히 30분 동안 면담할 수 있도록 스케줄을 배정해 주겠다."는 것이다. 그리하여 10월 중순 어느 날 이른 오후, 미국 심리학의 창시자인 윌리엄 제임스가 한때 살았던 데이나-파머 하우스에서 역사적인 면담이 이루어졌다.

달라이 라마는 소탈한 모습으로 자리에 앉아 통역을 통해 즐겁게 담소를 나누기 시작했다. 그는 오늘 이 자리의 만남에 대한 정확한 목적이 무엇인지를 먼저 알고 싶어했다. 벤슨은 자기는 심장병 전문의로서 스트레스와 심장병과의 관계를 주로 다루고 있는데, 스트레스는 고혈압을 일으키고 드디어는 심장병까지도 유발한다고 알고 있지만, 명상수행을 한 사람은 과다한 긴장을 낮출 수 있고 고혈압도 감소시킬 수 있는 등 놀랄 만한 신체적 변화를 일으킨다는 것을 관찰한 바 있다고 말했다. 그래서 고도의 전문적 명상수행을 하는 티베트 승려를 대상으로 명상과 같은 마음 수행이 몸에 일으키는 영향에 대해 보다 자세하게 알 수 있도록 해주길 바란다고 말했다. 벤슨은 특히 몸의 온도를 현저하게 상승시킨다는 툼모gTum-mo 요가 수행자와 몸을 공중으로 부양하여 날아다닌다는 렁곰-빠Rung gom-pa 요가 수행자를 만나 연구하고 싶다고 했다. 그리고 우리들이 가진 장비로 이런 현상을 과학적으로 측정할 수 있을 것이라고 했다.

달라이 라마는 과학적으로 이런 현상을 측정할 수 있다는 데 깊은 관심을 표하면서, "그러니까 신체에 일어나고 있는 변화를 과학적으로 측정할 수 있다는 말입니까?" 라고 물었다. 벤슨은 "조건을 정확하게 통제하면 불가능한 일이 아닐 것입니다."라고 답했고, 달라이 라마는 "그와 같은 가능성을 과학적으로 측정한다는 것은 결코 쉬운 일이 아닐 것입니다. 명상수행자들은 종교적 의미로 명상을 합니다. 반드시 종교적 의미를 체험해야만 하니까요. 하지만 지금 우리 문화는 큰 변화를 겪고 있지요. 우리는 우리가 살아오던 땅에서 강제로 쫓겨났어요. 동쪽의 동무들(중국 공산당)이 불교나 우리의 스님들에 대해 서구의 과학자들이 연구한다면 큰 충격을 받겠지요. 그렇다면 이 연구는 할 만한 가치가 있겠군요."라고 말했다. 달라이 라마는 이러한 과학적 연구를 통해 자신들의 종교적 전통들을 자기들을 추방한 중국에 드러내 보임으로써 계속되는 탄압에 대해 평화적으로 저항할 수 있는 수단이 될 수 있다고 믿었던 것 같다.

이어 달라이 라마는 "아마 내가 청한다면 몇몇 수행승은 연구를 할 수 있도록 도와드릴 것입니다. 티베트 의학에 대해서도 서구 과학의 관점에서 접근해 주기를 바랍니다."라고 하면서 "특히 티베트 의학의 3대 요소 즉 의사에 대한 믿음, 환자에 대한 믿음, 그리고 두 사람의 업이 티베트 의학의 핵심이니 기왕이면 이것도 관심을 갖고 연구해 주시길 바랍니다."라고 했다. 마지막으로 달라이 라마는 "신체에 영향을 주는 영적인 힘을 연구하는 과학자들의 노력이 이 세상 종교들을 통합하려고 애쓰는 모든 철학자들의 힘보다 몇 배나 더 큰 힘을 가질 것입니다."라고 했다.

면담이 끝난 후 벤슨은 몹시 고무되었다. 그러나 몇 달이 지나도 새로운 연락을 받지 못해 초조해했다. 그러던 중 답장이 왔다. 연구에 동참해 줄 세 사람의 승려를 찾는 데 시간이 걸렸다는 것이다. 그때부터 벤슨 박사는 다람살라 현지 연구에 참여할 사람, 장비, 자금 등을 준비하는 데 골몰했다. 연구의 목적이 특정 종교의 승려를 대상으로 하는 것이기 때문에 정부나 재단이 주는 연구비 수혜가 쉽지 않았다. 그러나 백방으로 노력한 끝에 국립과학재단을 위시하여 여러 단체의 도움으로 필요한 연구비를 확보할 수 있었다.

연구 팀에는 벤슨 자신을 대표자로 하고, 동료 의사인 레흐만 John W. Lehmann 박사, 티베트 전문가로서 통역을 맡아 줄 버지니아 대학 남아시아 연구소 소장 제프리 홉킨스 Jeffrey Hopkins 박사, 하버드 의대 학생인 엡스타인Mark, D. Epstein 그리고 사진작가 펄먼 Ellen Perlmen 등이 공식 연구원으로 참가하기로 했다. 그 밖에 영화감독 한 사람과 조수 한 사람까지 포함하여 모두 일곱 명이었다. 연구에 사용할 장비도 엄청나게 많았다. 미국 국방환경의학연구소 등의 도움을 받아 필요한 장비를 갖추었다.

1981년 2월 어느 날 뉴델리행 비행기를 탔다. 뉴델리에서 며칠을 보낸 후 다람살라로 떠나기 바로 전날, 과거에 명상의 생리학적 영향을 함께 연구했던 옛 동료이며 생리학자로서 초월명상(TM)에 심취한 왈라스Robert K.Wallace 박사를 우연히 그곳에서 만났다.

왈라스 박사는 열렬한 TM연구가였으며 한동안 미국 아이오와 주에 있는 TM재단의 마하리시 국제대학의 총장도 역임했다. 그는 마하리시 마헤시 요기의 사업을 돕기 위해 인도에 왔다고 했다. 벤슨은 왈라스 박사에게 "정말로 사람이 공중에 뜰 수 있습니까?"라고 물었다. "물론이지요. 땅에서 떠오를 수 있지요. 특별한 TM 만트라를 외우는 동안 몸이 가벼워진다고 생각하면 실제로 떠오르게 됩니다. 마하리시 요기는 지금 세계는 이렇게 놀라운 현상을 받아들일 준비가 되어 있지 않다고 합니다. 세계가 너무나 악에 물들어 있기 때문이랍니다."라는 답이 돌아왔다.

벤슨은 1972년 왈라스와 함께 "명상의 생리학The Physiology of Meditation"이란 호기심을 끄는 제목의 글을 〈사이엔티픽 아메리칸〉이란 과학 잡지에 공저로 발표했고, 또 그와 함께 명상의 생리

다람살라로 간 벤슨 박사

적 상태를 연구한 「각성 저대사성 생리상태 A wakeful hypometabolic physiological state」라는 제목의 논문을 권위 있는 〈미국 생리학회 American Journal of Physiology〉지에 발표해 명상 중에 일어나는 몸의 생리학적 상태를 세상에 가장 먼저 알린 저명한 과학자였다.

왈라스는 그 후에도 초월명상(TM) 수련자를 대상으로 TM수련 중 혈액이나 오줌 등에 일어나는 생화학적, 내분비적인 요소의 변화를 관찰하여 TM이 스트레스를 대처하는 데 과학적인 방법이란 사실을 전 세계에 널리 알린 TM의 생리학 연구에 있어 최고 대가이다. 벤슨은 한때 동료였던 왈라스가 종교적이며 신비적인 것으로 여겨지는 초월명상에 지나치게 경도되어 다른 명상 수련에서도 일어날 수 있는 생리적 변화를 오직 TM 수행자들에게만 나타난다고 고집하는 터라 그 점에서 견해가 달라 최근 10여 년간 서로 연락 없이 지냈다. 그러나 그는 뛰어난 생리학자이고, 명상을 과학적으로 연구해 온 학자이기 때문에 TM 수련자가 공중 부양한다는 사실을 확신시켜 줌에 따라 자신의 연구에 더욱 강한 확신감과 호기심을 갖게 되었다.

벤슨 박사의 연구 팀은 드디어 다람살라에 도착했고, 티베트어 통역자인 홉킨스 박사와 함께 달라이 라마를 만나 연구 일정을 조정하려고 했다. 그러나 도착한 때가 마침 음력 정월로 불교도들이 기도를 드리는 시기여서 달라이 라마는 면담과 법문 등으로 일정이 바빠 친견을 하지 못했다. 대신 비서를 통해 모든 것이 다 준비되었고 조만간 연구에 착수할 수 있도록 도와주겠다는 뜻을 전달받았다.

2.
명상수행 중 몸에서 일어난 신기한 현상

티베트 승려가 등장하는 영화나 텔레비전 화면을 보면 티베트 승려들이 엄청나게 추운 날씨에도 장갑이나 양말을 신지 않고 한쪽 팔에는 장삼을 두르지 않은 채 바깥에서 담론을 벌이는 모습을 볼 수 있다. 저렇게 맨살을 드러내면 손발에 동상이 걸리고 추위에 노출되어 감기에 잘 걸리지 않을까, 생각할 수도 있겠지만 사실은 그렇지 않다. 티베트 같은 고산 지대에서는 기온이 영하 몇십 도까지 떨어지는데도 승려들이 맨살을 드러내고 거뜬하게 잘 견딜 수 있는 비결은

명상수행 중 몸에서 일어난 신기한 현상

무엇일까? 그것은 명상에 들어간 승려들이 자신의 피부 온도를 마음대로 올릴 수 있기 때문이다.

자신의 몸의 온도를 임의적으로 올릴 수 있는 명상법을 티베트에서는 툼모gTum-mo 요가라 부른다. 툼모 요가를 수행하는 수행승들은 영적 수행에 따르는 부수적이고 실용적인 결과에는 별 관심이 없다. 사실 이들은 툼모 요가 수행에서 발생하는 열은 종교적 수행의 부산물로 대수롭지 않은 것으로 간주한다. 보다 중요한 것은 명상수행을 통해 체온을 높임으로써 헛된 망상을 불태워 정화한다고 생각하는 것이다.

툼모를 문자 그대로 번역하면 "사나운 여인fierce woman"이라는 뜻이다. 사납다고 함은 찌들어 버린 번뇌를 불태워 정화시키기 위해서는 치열하게(사납게) 수행해야 한다는 뜻이고, 여인이란 보다 높고 깊은 마음의 상태로 이끌어 주는 "어머니"와 같은 속 깊은 마음의 근본 자리에 이르게 하는 명상에 비유한 말이다.

동물들이 자신의 체온을 조절하는 데는 두 가지 방식이 있다. 하나는 곤충, 어류, 양서류 또는 파충류와 같은 변온동물들은 기온이 내려가면 체온도 함께 내려가 활동이 둔해진다. 그래서 겨울철과 같은 추운 계절에는 활동을 완전히 멈추고 겨울잠에 들어간다.

그러나 포유류는 외부의 온도 변화에도 불구하고 자신의 체온을 일정한 상태로 유지하는 항온동물이다. 그렇기 때문에 다양한 기후 변화에도 잘 적응해 간다. 다시 말해 포유류는 다양한 외부 조건의 온도 변화에도 불구하고 체내 환경을 생존에 적합한 상태로 잘 유지해 갈 수 있다. 포유류는 기온이 내려가면 짙은 털을 갖추어 추위를 이겨 내고 사람은 옷을 겹겹이 껴입으므로 체온 상실을 막는다. 반대로 더운 여름이면 성긴 깃털로 털갈이를 하거나 땀을 흘려 체온 상승을 막는다.

생리학적으로 보면 추울 때는 혈관을 수축하여 체온 상실을 막고 더울 때는 혈관을 확장시켜 열을 발산해서 체온 상승을 막는다. 그러나 티베트 스님은 추운 날씨에도 옷을 껴입지 않고 정신적, 영적 수행을 통해 혈관 수축을 막을 수 있다고 하니 참으로 신기할 수밖에 없다. 만약 이러한 신기한 현상을 과학적으로 관찰하여 입증할 수 있다면 마음이 몸의 기능을 임의적으로 지배할 수 있다는 강력한 증거가 될 수 있으며 이것은 마음과 몸의 상관관계에 관한 새로운 해석을 할 수 있는 계기가 된다.

또 다른 각도에서 보면 툼모 요가 수행으로 자신의 신체에 열을 올릴 수 있다면 환자의 질병 치료에도 응용할 수 있을 것으로 예상할 수도 있다. 다시 말해 임의로 혈관의 수축과 이완이 가능하다면 순환기계통에 병을 가진 환자의 치료에 직접 응용할 수 있을 것으로 예상할 수도 있다.

이렇게 하여 벤슨 박사 팀은 달라이 라마가 소개해 준 세 사람의 툼모 수행승을 차례로 한 사람씩 만나면서 계획된 연구를 진척시켜 나갔다.

명상수행 중 몸에서 일어난 신기한 현상

첫 번째 만난 스님은 C.J.라는 분으로 나이는 59세, 13세에 출가했고, 19년 동안 티베트에서 공부한 후 인도에서도 8년간 공부하여 철학 박사에 해당하는 "게쉐Geshe"라는 칭호를 받은, 학승의 최고 지위에 오른 분이다. 게쉐 칭호를 받기 위해서는 저명한 게쉐 스님들이 지켜보는 가운데 온갖 몸짓을 다 하면서 격렬하기 짝이 없는 언변을 벌이는 시험을 며칠씩이나 치러야 한다.

C.J. 스님은 라싸에서 게쉐 칭호를 받고 지난 11년간 자신이 배워 온 것을 히말라야 산속에서 계속 수행하고 있는 중이라고 했다. 또한 매일 15분씩 10년 동안 툼모 요가도 수행해 왔다고 했다. 그럼에도 불구하고 툼모 요가의 최고 경지에는 아직 이르지 못했다고 했다. 그는 툼모의 최고 경지란 "프라나Prana, 氣가 머리의 정수리에 모였다가 다시 몸의 중심으로 모인 후 회전하면서 내적 열에 불을 지피고, 이 열은 뇌 속에 있는 생성액을 녹여 마침내는 이 생성액이 몸으로 흘러내려 몸의 중심맥에 모이게 되면 실로 엄청난 희열감을 맛보게 되는 경지"라고 설명해 주었다.

C.J. 스님은 실험에 앞서 벤슨에게 "우리는 이런 일을 보여주는 것을 허용하지 않지만 달라이 라마께서 해도 좋다고 말씀하셨으니 기꺼이 응하겠다."고 했다. C.J. 스님이 수행 중 온몸의 구석구석에서 일어나는 체온의 변화를 측정하기 위해 여러 개의 특수 온도계를 신체 부위에 부착했다. 실험은 3단계로 나누어 실시되었는데 첫째, 명상에 들어가기 전 정상적인 상태의 체온을 측정하는 통제 단계,

둘째 툼모 명상수행 중에 측정하는 명상 단계, 셋째 명상을 마치고 일상 상태로 되돌아오는 단계에서 측정하는 회복 단계로 나누어서 측정했다. 3단계에 걸쳐 각 단계마다 5분씩 한 차례씩만 측정했다.

 C.J. 스님은 가사를 걸치고 가부좌 상태로 평소와 같이 명상에 들어갔다. 체온 측정의 결과는 놀라웠다. 직장 속에 넣어 둔 체내 온도는 3단계 동안 일정하게 유지되는 데 반해, 손가락의 체온은 통제 단계에 비해 명상 단계에서 화씨 9도 이상 상승되었고, 발가락의 온도는 무려 화씨 13도나 상승되었다. 회복 단계에서 손가락의 온도는 급격히 명상 전 통제 단계의 수준으로 돌아왔지만 발가락의 온도가 정상으로 돌아오는 데는 좀 더 시간이 걸렸다. 관절과 등에 부착한 온도계에서는 변화가 적어 명상 중 화씨 2도 정도만 상승했다.

 이것은 실로 놀라운 결과다. 1970년대에 들어와 서양의 심리학이나 의학에서 바이오피드백이란 장비가 개발되어 이완과 같은 심리적 훈련에 의해 뇌파(EEG), 근전도(EMG), 심전도(ECG), 피부저항반사(GSR) 또는 체온의 변화 등과 같은 자율신경반응을 임의적으로 조절하는 훈련을 한다. 그러나 C.J. 스님에게서 관찰된 이런 두드러진 체온 변화는 바이오피드백 훈련에서는 상상도 할 수 없는 엄청난 큰 변화이다.

 명상을 하는 동안 이렇게 엄청난 체온 상승이 일어났다가 명상을 끝낸 후에는 바로 정상 상태로 되돌아가다니 놀랍지 않을 수 없다. 마음(명상)만으로 몸에 엄청난 변화를 일으킬 수 있다는 이 결과는 과학

명상수행 중 몸에서 일어난 신기한 현상

사의 전환점이 되기에 충분한 것이었기에 벤슨 박사는 흥분했다.

벤슨은 첫 사례에서 관찰된 이 놀라운 사실이 단 한 번으로 끝나지 말기를 기대하면서 다음 소개받은 J.T. 스님을 찾았다. J.T. 스님은 46세로서 서부 티베트에서 태어나 어린 나이에 라싸의 사원으로 출가한 후 그곳에서 불교 철학을 7년간 공부한 뒤 인도로 와서 11년째 은둔하여 수행 중이라고 했다.

J.T. 스님은 여러 해 동안 툼모 요가를 수행해 왔으며 툼모의 최고 경지에도 올라 본 경험이 여러 번 있다고 했다. 자기가 이른 상태가 과연 최고의 경지인지 그 여부는 확신할 수 없다고 했다. 일단 명상을 시작하면 툼모 상태가 하루 종일 지속되지만 일단 몸을 움직이기 시작하면 그 상태가 사라진다고 했다. 보통 하루 네 차례, 한 번에 한 시간 이상을 툼모 명상을 해왔다고 하였다.

J.T. 스님은 명상을 하는 동안 손가락 온도가 화씨 13도 올라갔고, 발가락 온도는 7도 상승했으며, 배꼽 부위는 3.4도, 가슴 부위가 3도 상승했다. 이 스님에게서 얻은 결과도 앞서 C.J. 스님의 경우와 극히 유사하였다. 역시 정신적 수행이 신체의 반응을 일으킨다는 확고한 증거를 보여준 셈이다.

세 번째 만난 L.T. 스님은 50세로 티베트에서 농사를 짓다가 인도로 망명 온 후 인도의 군대에 입대하여 9년간 군복무를 하고 41세 되는 늦은 나이에 출가하였다. 비록 늦은 출가였지만 8년 동안 엄청난 집중력과 혼신을 다해 수련했으며 그동안 6년 정도 툼모를 했다고 했다. 이 스님도 앞서의 J.T. 스님과 비슷하게 툼모의 최고 상태에 이르렀다고 했다.

　이 스님의 경우는 손가락 온도가 명상 중에 화씨 6.4도 상승했고, 발가락은 화씨 15도 상승했으며, 다른 신체 부위의 체온은 큰 변화가 없었다.

　위에 본 세 분의 스님이 명상수행으로 자신의 체온을 임의로 변화시킬 수 있다는 것은 마음과 몸의 상호관계를 이해하는 새로운 지평을 제공해 주는 것이다. 또한 의학적 의미에서 볼 때 기존의 의학적 치료법으로는 불가능해 보이는 여러 종류의 만성병 치료에 심리적 수련으로 그 가능성이 보인다는 의미에서 새로운 치료의 장이 열릴 것으로 기대할 수 있다.

　이런 발견들이 바로 1980년대 후반부터 시작되는 마음과 신경계, 내분비계와 면역계가 서로 연결되어 있다는 이른바 "정신신경내분비면역학Psychoneuroendoimmunology"이라는 새로운 과학이 탄생되는 계기를 마련해 주는 데 일조했다고 해도 과언은 아니다.

　어떻든 벤슨 박사의 다람살라 탐험 연구는 의학사의 새로운 장, 즉 마음신체의학 또는 심신의학이라는 새로운 의학을 선보이는 계기가 되었고, 그는 현대 서양의학의 성웅Saint Soldier이란 칭호로 불리게 되었다. 벤슨 박사는 20세기 동안 하버드 의과대학이 배출한 걸출한 다섯 명의 위대한 생리학자의 한 사람으로 선정되기도 했다.

3.
달라이 라마, 데이비슨 박사를 초청하다

세계적인 시사 주간지 〈타임〉지는 2006년의 가장 영향력 있는 인물의 한 사람으로 심리학자 리처드 데이비슨Richard Davidson을 선정했다. 그는 현재 위스콘신 주의 메디슨에 위치한 위스콘신 대학교에서 심리학과와 정신과의 교수를 맡고 있으면서 동시에 감성신경과학 연구소의 소장을 겸직하고 있다. 데이비슨은 오랫동안 우울증과 같은 정서 장애에 개재하는 뇌 기제의 탐구와 심리적 요인들이 신체 건강에 미치는 영향을 연구한 신경과학 전공의 저명한 심리학자이다.

그는 1987년 달라이 라마와 신경과학자, 인지과학자, 물리학자, 심리학자, 의사들이 모여 만든 "마음과 생명 협의회Mind and Life conference"의 중요한 멤버로 참여해 왔다.

그는 1995년, 2001년, 2004년, 2007년의 "마음과 생명 협의회" 정기 모임의 주제를 선정하여 토론에 참가할 전문가를 선정하는 등 불교와 과학자들의 만남을 주도하였다. 그는 하버드 대학원 심리학과에 재학 중이던 1974년경부터 인도와 스리랑카를 여행하면서 불교 명상에 심취하여 그때부터 지금까지 불교 수행을 계속해 왔다. 그 후 그는 30여 년 이상 명상과 같은 마음 수행에 관련되는 뇌의 기제를 찾고, 또 명상을 통해 느껴지는 행복감과 같은 긍정적 감정이 신체의 면역 기능에 어떤 영향을 미치는가를 줄기차게 연구해 왔다.

데이비슨은 명상과 같은 주관적인 정서 경험 세계와 최첨단 과학인 신경과학을 서로 연결하기 위해 많은 논문을 발표했다. 〈타임〉지는 그의 이런 학문적 공로를 인정해서 2006년의 가장 영향력 있는 인물의 한 사람으로 선정한 것이다.

이제부터 세계적인 신경과학자이자 심리학자인 리처드 데이비슨과 티베트 불교의 승왕 달라이 라마와의 오래된 인연으로 불교의 명상수행에 따르는 뇌의 기능 변화와 구조 변화 그리고 신체 면역 기능 변화에 관련되는 연구에 얽힌 이야기를 각종 자료를 모아 정리해 보기로 하겠다.

1992년 봄 위스콘신 대학교 데이비슨 연구실로 달라이 라마가

달라이 라마, 데이비슨 박사를 초청하다

보낸 팩스가 날아왔다. 내용인즉 얼마 전 데이비슨이 달라이 라마에게 티베트 승려를 대상으로 신경과학적, 심리학적 연구를 할 수 있도록 요청했던 일에 대해 그것이 가능하다는 달라이 라마의 답신이었다.

당시만 하더라도 스님들이 하는 명상을 뇌 과학이나 심리학을 이용해 연구하려고 하면 대부분의 신경과학자나 심리학자들은 그것이 불가능하거나 연구할 가치조차 없다고 생각했다. 그러나 데이비슨의 생각은 달랐다. 데이비슨은 달라이 라마의 팩스를 받고 몹시 설레었다. 데이비슨은 오랜 기간 동안 불교 명상을 직접 체험해 보았기 때문에 명상에 대한 인식이 다른 사람과 달랐다.

데이비슨은 인도와 스리랑카에서 1년간 명상을 체험하고 난 후 1976년에 발표한 「명상의 생리학과 의식의 신비한 상태」라는 논문에서 명상 중에 대뇌의 우반구가 무의식 또는 선先의식적인 마음의 상태를 처리하는 작용을 한다고 주장하면서, 명상은 잠자고 있는 dormant 우반구의 뇌 기능을 일깨워 나가는 것이라는 생각을 피력했다. 그 후 연구를 거듭하면서 우반구 전두엽 활동이 좌반구에 비해 지나치게 우세해지면 우울증과 같은 감정 장애가 생기지만 반대로 좌반구 전두엽이 우세해지면 낙천적이고 열정적인, 긍정적 마음이 된다는 것을 알게 되었다. 그러면 명상을 오랫동안 하여 마음이 긍정적으로 바뀐 수행승들의 좌우 반구의 전두엽피질 우세성은 우울증 환자에 비하여 어떻게 다를까? 그는 달라이 라마가 주도하는 "마음과 생명 협의회"에 정기적으로 참여하면서 이 문제를 보다 구체적으로 연구해 보고 싶어했다.

데이비슨은 달라이 라마의 팩스를 받고 1992년 9월 연구에 필요한 각종 과학 장비들을 꾸려 다람살라로 출발했다. 과학 장비들은 뇌파 측정 장비, 배터리, 간이 발전기, 전선, 노트북 등을 포함하여 수십 킬로그램이나 되었는데, 그는 그 장비를 지참하고 가장 뛰어난 티베트 명상수련자들이 있다는 산속으로 들어갔다.

이 수련자들은 한 번 명상 수련에 들어가면 몇 달 또는 몇 년씩 바깥출입을 삼가고 산속에서 혼자 수련에 들어가는 라마승들이었다. 데이비슨은 이런 수행승을 "명상에 관한 올림픽 금메달리스트"라고 비유하면서 이런 수행승이 장기간에 걸쳐 명상을 수련하고 나면 뇌에 어떤 변화가 나타나는지를 알아보는 것이 연구의 목적이라고 달라이 라마에게 말했다. 요컨대 명상할 때 일어나는 일시적인 뇌의 기능 상태의 변화보다는 명상을 하지 않고 있을 때도 지속되는 뇌의 "특성"을 반영하는 뇌 회로 상에 어떤 물리적 또는 기능적 변화가 일어나는지를 알고 싶다는 것이었다.

달라이 라마는 데이비슨의 이런 연구 목적에 흥미를 느꼈다. 그는 10여 년 전 하버드 대학의 벤슨 박사 팀이 티베트 스님을 대상으로 과학적 연구를 요청했을 때도 흔쾌히 동의한 적이 있고 연구의 결과가 전 세계에 알려져 불교 수행의 과학적 의미를 알리는 데 큰 역할을 했다는 것을 회상하면서 이렇게 말했다. "나는 명상수행자들

달라이 라마, 데이비슨 박사를 초청하다

의 의식을 이해하기 위해 과학을 접목시키는 것이 매우 중요한 일이라고 생각합니다. 그래서 은둔 수행자들을 열심히 설득하여 과학적 실험에 적극 참여하도록 독려한 바 있습니다. 나는 수행자들에게 이타심을 일으켜 이런 실험에 참여하는 것이 마땅하다고 권유했습니다. 만약 마음을 평정한다거나 마음을 수행하는 것이 마음과 몸에 좋은 역할을 한다는 것이 과학적으로 증명된다면 명상수행은 중생들에게 유익한 결과를 줄 것이라고 권유했지요. 다만 수행자들에게 지나치게 강요하여 압박감은 주지 않기를 희망할 뿐입니다."

이렇게 하여 모두 67명의 수행자들이 선별되었고, 그 가운데 10명의 원로 수행자가 우선 선발되었다. 통제군으로는 다람살라에 살고 있는 티베트계의 시민으로 달라이 라마를 따라 망명해 온 평범한 사람들이었다. 이 실험에 참여한 10명의 수행승은 사마타 수련을 오래한 스님들이다. 사마타 수련이란 집중 명상을 말하는데 어느 특정한 한 가지 대상에 마음을 집중하는 수련을 말한다.

사마타 수련은 마음의 산만성을 가라앉혀 고요한(평안한) 안정 상태로 머물게 하는 것을 목적으로 하는 수련이다. 이러한 안정 stability 상태에 도달하기 위해 수련자는 몸과 마음이 이완되도록 훈련하는 것이다. 마음이 완전히 이완되면 흔들리지 않는 안정 상태가 나타나 편안하고 고요한 경지에 머무를 수 있게 된다. 이런 안정 상태에 이르면 다음 단계로는 의식이 명료한 상태가 나타나는데, 이 경지에 이르면 선택한 대상에 대해 극도로 섬세하고 또렷하게 주의를 집중할 수 있다. 마치 흙탕물을 가만히 두어 앙금이 밑으로 가라앉아 물이 투명해지면 밑바닥까지 잘 보이는 것에 비유할 수 있을 것이다.

사마타를 오래 수련한 수련자는 한 가지 특정한 대상에 대해 몇 시간씩 주의를 집중할 수 있다. 서양의 심리학이나 생리학에서는 인간의 뇌는 수초 이상 한 가지 대상에 집중하기 어려우며 그 이상의 시간이 지나면 자연스럽게 산만해지는 것으로 보고 있다. 그래서 데이비슨은 달라이 라마가 추천한 수행승을 대상으로 마음 수행이 뇌기능에 미치는 영향을 보다 구체적으로 알아볼 수 있을 것으로 크게 기대했다.

그러나 수행승들은 자신들의 수행을 심리학적 검사나 뇌파 기계와 같은 기계 장비로 연구한다는 것에 대한 거부감과 문화적 차이 등으로 인해 실험에 적극 참여하지 않으려 했다. 예컨대 한 수행자는 "형태도 없는 비물질적인 마음을 어떻게 물질적인 장치로 측정할 수 있단 말입니까? 거추장스런 뇌파 검사기나 자질구레한 측정 기구들로 마음을 측정한다는 것이 도대체 어떤 의미를 갖는지 이해할 수가 없군요. 수행자마다 이룩한 깨달음의 경지가 제각기 다른데 별로 대단하지도 않아 보이는 실험 결과가 서구에 알려진다면 티베트 불교의 위상이 오히려 약화되지나 않을까요?"라고 말했다. 또 어떤 수행자는 이런 실험에는 결코 응하고 싶지 않다고 말하며 차라리 자기가 하고 있는 만트라 수행을 계속할 수 있도록 내버려 달라고 하면서 심지어는 실험자에게 자기와 같이 만트라 수행에 동참해 보라는 권유까지 했다.

이처럼 수행승들은 생소한 과학 실험에 참여한다는 것이 자신의 명상수행에 오히려 방해가 된다고 생각했다. 요컨대 실험에 응하지 않겠다고 거부하는 이유는 고도의 정신적인 수련을 단순한 물질적 차원으로 환원시키려고 하는 과학자들의 의도에 동의할 수 없다는 것이다. 그들에게는 뇌파 검사 기구로 자비심이나 사랑과 같은 고도의 정신 현상을 어떻게 측정할 수 있을 것인가?라는 생각이 지배적이었다. 결국 다람살라에서의 실험은 실패로 끝났다.

그러나 10년이 지난 2001년경 데이비슨의 명상 연구는 과거에는 상상도 못했던 엄청난 일이 벌어졌다. 그동안 프랑스 출신으로 분자생물학을 전공하여 박사 학위를 취득한 매튜 리까르Matthieu Ricard라는 스님이 인도와 동남아시아에 있는 많은 스님을 설득하여 위스콘신 대학의 데이비슨 연구실로 데리고 가 뇌파 기록electroencephalogram; EEG, 기능적 자기공명영상장치functional magnetic resonance imaging; fMRI와 같은 신경과학적 장비를 사용하는 실험에 참여하도록 적극 권유하고 설득했던 것이 크게 도움이 되었다.

또한 달라이 라마도 데이비슨의 실험실로 직접 방문하여 fMRI 장치를 보고 "뇌에서 변화가 나타나기 전에 어떤 생각이 일어나는지 이 기계로 탐지할 수 있는가? 다시 말해 마음이 뇌의 전기적 또는 화학적 신호 발생에 선행할 수 있는가?"에 대해 질문하였다. "만약 그렇다면 뇌가 마음을 일으킬 수도 있고, 또한 마음이 뇌 활동에 영향을 미친다고 볼 수도 있지 않겠는가?"라고 질문했다.

위스콘신 과학자들은 달라이 라마의 이 질문을 거부하지 않았고 진지하게 수용하였다. 다시 말해 과학자들이 마음은 뇌의 물리적 표현이면서 동시에 마음이 뇌에 물리적 변화를 일으키는 원인이 될 수 있다는 달라이 라마가 제기한 가설을 수용한 것이다. 이것은 과거의 생각과 판이한 발상이다.

이렇게 하여 몇 년간에 걸쳐 위스콘신 대학의 데이비슨의 실험실로 찾아와 실험에 참여한 불교 수행자가 자그마치 175명에 이르렀다. 이들은 적게는 1만 시간에서 많게는 5만5천 시간 동안 명상수행을 한 명상의 달인들이다. 데이비슨은 2004년도의 마음과 생명 협의회 모임에서 그동안의 연구 결과를 보고하면서 달라이 라마에게 "격려해 주지 않으셨다면 이 연구는 결코 이루어지지 못했을 것입니다. 진심으로 감사드립니다."라고 했다. 이렇게 하여 티베트 스님들을 대상으로 한 데이비슨의 연구 결과가 세상에 공개된다. 다음해인 2005년에는 달라이 라마가 세계 최첨단 과학학회의 하나인 "신경과학회Society for Neuroscience"에 기조 연설자로 초청받아 "명상과 뇌의 가소성"이라는 주제로 14,000명의 회원을 향해 강연을 했다.

3.
수행승의 뇌는 어떤 특징을 가지고 있을까?

　데이비슨은 과거 오랫동안의 연구를 통해 긍정적 감정을 훈련하면, 뇌의 기능이 달라진다는 것을 이미 알고 있었다. 그는 불교 수행의 핵심인 행복, 자비, 기쁨, 열정 등과 같은 긍정적인 마음을 기르는 수행을 오랫동안 해온 스님들은 뇌의 기능이나 뇌의 구조에 어떤 특징이 일어나 일반인의 뇌와는 다를 것이라고 생각했다. 그런데 지금까지 스님을 대상으로 한 과학자의 연구들은 앞서 우리가 살핀 벤슨 박사의 연구처럼 몇십 분 동안 툼모 요가와 같은 특정 명상을 하고 있는 동안에 일어나는 신체의 변화, 예컨대 체온, 심장 박동률 그리고 호흡률의 변화와 뇌파 변화 정도만 알려졌을 뿐이다.

불교 수행에서는 잠깐 동안 심신에 일어나는 일시적인 변화는 중요한 것으로 여기지 않는다. 대신 장기간 마음과 몸에서 일어난, 비교적 지속적인 변화를 강조한다. 따라서 데이비슨은 불교 수행승을 대상으로 수년 또는 수십 년간 장기간의 수련을 통해 일어난 심신의 지속적 변화를 알아보는 것이 이상적일 것으로 생각했다.

그러나 불교 명상에는 오랜 역사와 전통에 따라 마음을 수행하는 방식과 수행에서 강조하는 요점에 있어 다소 차이가 난다. 그래서 데이비슨의 위스콘신 대학 연구 팀은 불교 명상의 공통점을 첫째, 어떤 특정한 대상에 의식의 초점을 맞추는 주의 집중focused attention, 둘째 따뜻한 마음을 갖는 자비심compassion, 그리고 마지막으로 지금 이곳에 마음을 챙기는 마음챙김mindfulness과 같은 세 가지 명상 유형으로 나누어 연구한다.

첫째 주의 집중이란 한 가지 특정한 대상에 대해 오랫동안 주의를 집중해 가는 훈련을 말한다. 우리나라 불교 전통에서 계속 화두話頭를 들고 살피는 간화선看話禪이나 특정한 만트라眞言를 염송하는 것을 강조하는 염불선念佛禪이 여기에 해당될 수 있다. 이런 유의 명상을 지법止法 명상이라고도 하고 정定으로 들어가는 공부라고도 하며, 일반적으로 사마타samatha 수행이라 한다.

두 번째는 스스로 자비심을 기르는 자비수행 또는 자비관이다.

수행승의 뇌는 어떤 특징을 가지고 있을까?

이것은 일상생활 속에서 화가 날 때와 같은 어떤 불쾌한 기분이 일어났을 때 이를 알아차리고 불쾌한 감정을 자비심이라는 따뜻한 해독제로 녹여 변형시켜 나가는 것을 훈련하는 것이다. 따뜻한 마음을 불러내는 자애명상과 미운 사람을 용서하는 용서명상이 여기에 속한다.

세 번째, 마음챙김이란 지금 이곳에서 일어난 사건들에 열린 마음으로 바라보는 힘을 기르는 것을 말한다. 알아차림, 염처, 정념, 위빠사나 등으로 불리기도 한다. 요컨대 지금 이 순간 일어난 감각, 감정, 또는 생각에 즉각적, 자동적으로 반응하지 않고 그런 것이 일어났음을 먼저 살펴 알아차림하는 것을 말한다. 이러한 알아차림의 상태가 지속되면 탐진치食瞋癡가 빠져나간 순수한 마음 상태가 지속될 수 있다.

앞에서 본 아인슈타인의 뇌처럼 어떤 평범한 사람이라도 한 가지 일을 오랫동안 훈련하면 두뇌가 달라질 것으로 생각할 수 있다. 서울 시내에서 한 30년 동안 택시기사를 한 분이라면 그분의 머릿속에는 서울 시내의 골목골목에 대한 기억 흔적들이 빼곡히 자리 잡고 있을 것이다. 하루 8시간씩 10년간 농구를 연습한 프로 농구 선수의

"마음과 생명 협의회"에 참석하는 달라이 라마(가운데)와 리처드 데이비슨 박사(오른쪽)

뇌 속은 보통 사람과 다른 모습의 뇌 구조로 바뀌어져 있을 것이다. 이처럼 1만 시간에서 5만 시간 이상 명상을 수행해 온 스님의 머릿속에는 뇌 회로가 보통사람과 다르고 어떤 특정 뇌 부위의 기능도 판이하게 다를 것이다.

2001년 5월 위스콘신 대학의 데이비스 연구실로 "행복한 게쉐 happy geshe"라 부르는 명상의 최고 대가가 방문했다. 이분은 몸속에서 행복감의 광채 aura가 풍겨져 나오기 때문에 사람들이 그를 만나기만 해도 행복감에 빠져든다고 알려져 있는 분이다. 이분은 특히 자비명상을 30년 동안이나 수행해 온 분으로 당시 인도 불교 수도원의 원장으로 계셨던 분이다.

행복한 게쉐는 256개나 되는 미세한 뇌파 전극을 머리에 고정하고 실험자의 지시에 따라 자비심을 포함해서 마음을 여섯 가지 상태로 바꿔 나갔다. 그에게 마음을 중립 상태에 머물고 있으라고 했을 때 전전두엽은 약간 좌측 전두엽 쪽으로 기울어졌지만 자비명상 상태에 들어가라고 하면 좌측 전전두엽 쪽으로 99.7퍼센트 이상 기울어졌다. 즉 자비의 마음 상태 때는 좌측 전전두피질만이 거의 전적으로 활동한다는 것이다. 즉 따뜻한 마음, 행복한 마음을 주도하는 뇌 부위는 좌측 전전두피질이란 것이다. 이 결과는 만족감 또는 행복감과 같은 긍정적 마음은 특별한 마음 수행을 통해 개발될 수 있다는 것을 강력하게 시사하는 것이다. 또한 "행복의 뇌 속 결정점 brain set point for happiness"이 좌측 전전두피질이란 것도 확인

수행승의 뇌는 어떤 특징을 가지고 있을까?

시켜 주는 것이다. 그러면 과연 자비심과 같은 마음 수련에 의해 행복의 뇌 속 결정점이 바뀌어질 수도 있고 또한 키워 나갈 수도 있지 않을까? 불교에서는 마음의 수행 기술도 다른 일반적 기술의 연마처럼 될 수 있다고 강조한다. 그러므로 행복감도 수련에 의해 변화될 수 있고 행복감을 주관하는 뇌 부위도 변화될 수 있는 것이다.

    마음 수행이 정서에 어떤 영향을 미치는가? 정서의 어떤 요소와 뇌의 어떤 회로가 서로 연결되는가? 정서를 조절하는 통제 영역인 변연계와 전전두엽 사이 뇌 회로를 명상으로 바꿀 수 있는가? 마음 수행이 뇌의 정서적 회로를 바꾸어 행복감과 만족감에 지속적 변화를 줄 수 있는가? 마음 수행을 오랫동안 지속하면 행복의 결정점도 바뀔 수 있을 것인가? 이런 의문점들이 30여 년간 데이비슨의 연구를 이끌어 온 주된 연구 과제였다. 불교 수행승들을 대상으로 한 이번 연구로 이런 문제점들을 일시에 풀어줄 수 있는 천금 같은 결과를 얻었다.

5.
행복감을 갖기 위한 뇌 훈련

2005년 1월 3일자 〈워싱턴포스트〉지는 "명상이 뇌에 변화를 준다 Meditation gives brain a change"는 제목의 기사를 실었다. 기사의 내용을 일부 소개한다.

"뇌 과학은 불교 명상수행자들이 수세기 동안 견지해 왔던 믿음들, 다시 말해 마음 수련 또는 명상수행이 뇌의 활동을 변화시켜 깨달음의 다양한 단계를 성취할 수 있게 해준다는 구체적 증거를 제시하기 시작하였다. 전통적으로 의식의 변형 상태 transformed states라는 것은 물리적 측정이나 객관적 평가의 대상이 될 수 없는 초월적인transcendent 것으로 이해되어 왔다. 그러나 지난 몇 년에 걸쳐 티베트 스님을 대상으로 연구하고 있는 위스콘신 대학의 연구자들은 초월적인 마음 상태를 "고주파의 감마파high-freguency gamma wave"와 "뇌의 동기성brain synchrony" 또는 협동성 coordination이라는 과학적 용어로 바꾸어 말할 수 있게 되었다. 그리고 이 연구 팀은 앞 이마 바로 뒤에 위치하는 뇌 부위, 즉 좌측 전전두피질이 명상과 관련하여 활발하게 활동한다는 사실을 발견하였다."

〈워싱턴포스트〉의 이 보도 기사는 2004년 11월 말에 데이비슨 등이 미국 "국립과학아카데미National Academy of Science"에 발표한 논문에서 카우프만 기자가 발췌 보고한 것이다.

앞으로 이 책에서 언급하는 8명의 수행승을 대상으로 한 뇌 과학적 연구 결과는 2004년 〈국립과학아카데미회보Proceeding of the National Academy of Science〉에 러츠Lutz와 데이비슨 등이 발표한 연구 내용과 2007년 샤론 베글리Sharon Begley가 쓴 『Train your mind, Change your brain』(국내에서는 『달라이라마, 마음이 뇌에게 묻다』라는 제목으로 출간되었다.) 라는 책에서 주로 인용하여 언급할 것이다.

매튜 리카르는 앞에서 잠깐 소개했지만 프랑스 출신의 분자생물학 박사이면서 티베트 불교에 입문하여 수행승이 되었고, 달라이라마와 서구의 과학자를 연결시키는 데 큰 역할을 해온 과학자 출신의 승려이다. 리카르는 동양의 수행승들을 위스콘신 대학의 실험실로 안내하여 연구에 참여하도록 도왔으며, 자기 자신도 어느 수행승보다 더 오랜 시간을 fMRI와 뇌파 장치를 사용한 명상과 뇌 변화 간의 실험에 직접 참여하여 피험자가 되었다.

매튜 리카르를 비롯하여 8명의 티베트 승려들도 데이비슨의 실험실로 가 뇌파(EEG)와 뇌영상 연구에 참여하였다. 이 연구에 참여한 승려들은 닝 마파Nying mapa와 카규파Kagyupa 전통의 명상을 15년 내지 40년에 걸쳐, 시간으로 치면 1만 시간 내지 5만 시간 이상 수행한 스님들이다. 대조군의 10명은 과거에 명상 경험이 전혀 없는, 자원한 학생으로 연구에 들어가기 전 1주일 동안만 명상 수련을 받았다.

수행승과 학생들은 256개의 전극이 있는 감지기를 부착하고 잠깐 동안 명상에 들어가도록 한다. 데이비슨은 매우 빠른 주파수를 보이는 감마파를 뇌파 활동에 있어서 가장 중요한 것으로 간주하여 이 뇌파의 측정에 특별한 관심을 쏟았다. 먼저 두 집단에게 어떤 조건도 없는 무조건적 자비명상을 하라고 요청한다. 무조건적 자비명상이란 "모든 살아 있는 생명체를 위해 무제한적으로 온갖 자비의 마음을 베풀어 주는 수행"을 말한다. 이 실험에 참여한 두 집단 모두에게 무조건적인 자비수행을 통해 고통받고 있는 뭇 생명체를 위해 무한한 자비심의 발로 상태로 마음을 집중하라고 한 것이다.

연구자들은 스님들의 뇌파와 학생들의 뇌파가 판이하게 다르다는 것을 발견하였다. 가장 두드러진 것은 스님의 뇌파 검사에서는 매우 빠르게 움직이는 강력하게 활성화된 감마파가 나타난다는 것이다. 그러나 명상 초보자인 학생들에게서도 명상 동안에는 휴식 기간에 비해 약간 상승된 감마파가 보였다. 그렇기는 해도 스님들이 보여주는 감마파는 데이비슨이 그동안 건강한 일반 사람들을 대상으로 관찰해 온 어떤 감마파보다 훨씬 더 강력한 파형이었다. 실험에 참여한 리카르 박사의 뇌파는 과연 어떠했을까? 리카르 박사도 자비명상에 들어가자마자 감마파가 활발하게 나타나기 시작했고 명상을 하는 동안 계속하여 활발한 감마파 상태가 지속되었다.

리카르를 포함한 스님들의 뇌파 특징은 두 가지 면에서 특이하다. 첫째는 명상 동안 이들이 보여주는 감마파의 증폭 수준이 그동안 신경과학계에 보고된 사례들 가운데 가장 높다는 것이다. 또한 휴식 동안에도 감마파의 발생 정도가 여전히 높은 수준을 유지했다. 이처럼 오랫동안 마음 수행을 하면 뇌의 일시적 상태만 변화되는 것이 아니라 지속적으로 바뀌어질 수 있다는 것을 보여주었다. 데이비슨은 장기간의 명상 수련이 뇌에 구체적 흔적을 남긴다고 생각했다.

그러면 과연 수행승들에게 이렇게 두드러지게 나타나는 감마파란 무엇이며, 이 뇌파가 강력하게 증가한다는 것은 무엇을 의미하는 것일까? 뇌 과학자들은 빠른 빈도의 주파수를 보이는 감마파를 신경자원neural resources을 활성화시켜 총동원할 때, 쉽게 말해 정신적으로 총력 집중하는 식의 노력을 가할 때 발생하는 특징적인 뇌파라고 생각한다.

또 감마파는 서로 떨어져 있는 여러 신경회로들을 엮어가거나, 서로 상이한 감각적 특질들을 활용하여 통합적으로 하나의 물체를 감지해 내는 경우, 예컨대 보고, 만지고, 소리 듣고 그리고 냄새 맡는 등 각종 감각적 속성을 총동원하여 '아하, 이것은 무엇이고, 저것은 또 다른 무엇이구나.' 등으로 대상을 알아차릴 때 보여주는 뇌파이다. 또는 어떤 애매모호한 물체를 자세히 들여다보고 난 후 '아하, 이것은 구체적으로 어떤 물체이구나.' 하고 알아차림할 때 잘 나타나는 뇌파라고도 한다.

티베트 불교 수행자의 뇌파 측정 장면

따라서 수행승들에게서 감마파가 계속하여 많이 나타난다는 것은 수행승들의 머릿속에 '아하, 이것은 무엇이었구나.' 로 이어지는 새로운 무언가를 계속 알아차려 가는 일이 진행되고 있다는 것을 의미할 수 있다. 따라서 장기간의 명상수행은 인지상의 변화, 문제해결 능력의 상승 또는 알아차림과 관련되는 뇌의 활동을 고양한다고 볼 수 있는 것이다. 매우 흥미로운 점은 명상수행 전에는 수행승과 학생 간을 비교하면 감마파 수준에서 수행자가 학생에 비해 약간 더 높았지만, 자비명상을 시작하고 난 후 또는 명상과 명상 사이의 휴식 기간 동안의 감마파의 높이는 수행승들이 학생들에 비해 월등히 더 높았다는 것이다.

데이비슨은 명상수행 기간과 감마파 발생 간에 어떤 상관이 있는가도 알아보았는데 예상했던 것처럼 명상수행 기간이 길면 길수록 감마파 발생이 더 증가하는 상관관계를 발견하기도 했다. 또 재미있는 발견은 수행자가 자비명상을 하고 있을 때 행동의 실천 계획과 관련 있는 여러 부위의 뇌 영역들이 활성화된다는 것이다. 이것은 고통받고 있는 사람을 보고, 측은히 여겨, 그를 구원해 주기 위해 달려 나가려 하는 계획된 행동을 뇌 속에서 보여주는 것으로도 볼 수 있다.

수행자들은 자비명상을 하는 동안에는 좌측 전전두엽의 활동이 우측전전두엽의 활동을 완전히 압도해 버릴 정도로 활성화되었다. 이러한 수행승의 좌측 전전두피질의 활동 우세성은 데이비슨의 과거 연구들에서는 결코 볼 수 없었던 매우 강력한 것이었다. 한편 1주일간의 단기간 자비명상을 한 초보자인 학생들에게는 이런 두드러진 차이 현상은 나타나지 않았다.

이 결과는 자비명상을 해온 수행승의 뇌는 행복과 만족감으로 가득 차 있어 불행과 긴장 등의 부정적 감정으로 얼룩져 있는 중생의 뇌 활동과는 판이하게 다른 특징을 보여주는 것이다. 또한 이 결과는 고통으로 얼룩져 있는 고뇌에 찬 정신 장애자의 뇌도 자비수행을 거듭하면 행복한 뇌 활동 모습으로 바뀔 수 있다는 증거를 제공해 주는 것이기도 하다. 따라서 자비수행을 비롯한 명상수행이 우울증이나 공포증과 같은 부정적 감정을 가진 정서 장애자를 치료할 수 있다는 강력한 증거가 되기도 한다.

이고득락을 목표로 하는 불교에서는 불교 수행 즉, 명상이 곧 심리치료라고 믿어 왔다. 그러나 2500년이나 지난 최근에 들어와 서양 심리학이나 정신의학에서 『마음챙김과 심리치료』(크리스토퍼 거머 외)라는 책이 등장하고 있다. 이것은 불교 수행이 중생의 고통을 여의게 한다는 강력한 믿음이 오늘날에 와서 실제화되는 것으로 볼 수 있는 것이다. 다시 말해 인지치료라는 서양의 심리치료계에 마음챙김 수행에 바탕을 둔 불교 수행이 제3의 심리치료 물결이라 하여 크게 각광받고 있다.

6.
수행승의 뇌 활동은 어떤 특징이 있는가?

　EEG란 뇌파 기록은 뇌피질에서 나오는 특정한 전기적 신호를 알아보는 데는 유익한 도구이지만 특정한 신호가 구체적으로 어느 뇌 부위의 어느 곳에서 발생하는지를 알아보는 데는 한계가 있다. 이 한계점을 해결하기 위한 방법이 뇌의 기능을 영상화시켜 알아보는 fMRI라는 방법이다. 이 방법은 뇌 속에서 기능상 변화가 일어나는 곳을 정확하게 가리켜 주기 때문에 지금 이 순간 어느 뇌 부위가 활동하고 있는지 비교적 소상하게 관찰할 수 있게 해준다.

앞서의 뇌파 실험 결과에서와 유사하게 오랜 시간 동안 명상을 수행해 온 8명의 수행승들은 실험 직전 단 일주일만 명상 훈련을 한 학생들에 비해 fMRI 기록상에서도 판이한 모습을 보여주었다. 뇌의 기능에 관한 종래의 신경과학 연구들에서는 자비 또는 연민, 사랑 또는 모성애와 같은 따뜻한 마음을 관장하는 뇌 센터로 알려진 곳이 두 곳이다. 즉 첫째는 뇌 속에 독특하게 고립되어 마치 섬처럼 생긴 "섬島;insula"이라 부르는 부위인데, 이곳은 외측열lateral fissure이라는 뇌피질 옆쪽으로 길게 파져 있는 홈의 바로 밑, 그리고 전두엽과 가까운 곳에 있는 독특한 부위이다. 둘째는 뇌 속 깊은 곳에 있는 구조로 마치 꼬리처럼 생겼다고 하여 "미상핵尾狀核;caudate nucleus"이라 부르는 부위이다.

이 두 곳의 뇌 부위는 자비명상을 하면 다른 뇌 부위들에 비해 두드러지게 활발하게 움직인다. 일반적으로 노련한 명상수행자가 초보 수행자에 비해 보다 두드러진 활성을 보여준다. 수행자들 가운데도 개인차가 있다. 5만 5천 시간 정도의 긴 시간 동안 명상 수련을 쌓은 스님들에게서 가장 강력한 활동성을 보인다.

또한 자비명상을 하는 동안 전전두엽으로부터 정서 조절 센터인 변연계를 연결하는 신경회로의 반응 역시 명상수행자들에게 더욱 활성화된다는 것도 밝혀졌다. 이것은 주의 집중력을 담당하는 뇌 부위인 전두엽이 감정 촉발을 담당하는 변연계의 활동을 제어하고 있다는 의미이기도 하다. 또 집중하는 마음 수행이 감정 표현을 조

수행승의 뇌 활동은 어떤 특징이 있는가?

절할 수 있다는 뜻이기도 하다. 이 발견은 데이비슨의 절친한 친구이자 명상을 같이하기도 한 하버드 대학원의 심리학 동료로서 정서지능Emotional Intelligence, 흔히 EQ라 불리는 베스트셀러 작가인 대니엘 골만Daniel Goleman의 정서지능 개념을 신경과학적으로 지지해 주는 놀라운 발견이라고도 할 수 있다. 이 두 사람은 하버드 대학에서 게리 슈왈츠Gary Schwartz 교수의 지도로 명상의 심리학적, 생리학적 연구로 박사 학위를 받았으며, 인도와 스리랑카 등지에서 불교 명상을 수련한 적도 있는 심리학자들이다.

고참 수행자의 뇌는 초보 수행자의 뇌에 비해 자비명상에 의해 활성화되는 뇌 부위가 훨씬 더 광범위하다. 다시 말해 고참 수행자의 뇌 가운데 "전방대상회전피질anterior cingulate cortex", "섬", "체성감각피질somatosensory cortex", 그리고 "소뇌" 등과 같은 광범위한 뇌 부위가 활성화를 보여준다. 이들 뇌 부위들의 기능은 특별한 공통점이 없이 각 부위마다 각기 고유의 개별적 기능을 보여준다고 알려져 왔다.

즉, 체성감각피질은 촉각, 통각, 압각, 온각, 냉각 등 신체감각들을 받아들이는 일을 하고, 전방대상회전피질은 공감이나 긍정적 감정 그리고 어떤 결정을 내리는 인지적 기능을 담당하고, 섬은 자비와 연민 같은 사랑을 다루고, 소뇌는 운동을 담당하는 뇌 부위로 알려져 있다.

자비심을 일으키는 명상을 했을 때 이 영역들이 동시에 활성화되는 것에 대해 데이비슨은 달라이 라마에게 "고통에 빠져 있는 어떤 사람을 보았을 때 이 신경 부위들이 동시에 활성화되는데, 이와 같은 동시 활성화는 초보 수련자에 비해 노련한 수련자에게서 더 강렬하게 일어납니다. 이것은 고통을 느끼는 뇌 부위가 활성화되어 다른 사람의 고통에 대해 공감한다는 뜻입니다. 고통을 함께 나눈다는 자비심이 신경학적으로도 의미 있는 일이라고 생각합니다."라고 말했다.

자비심을 일으키는 명상수행 동안에 이렇게 개별적인 기능을 하는 곳으로 알려진 여러 뇌 부위들이 동시에 활성을 보인다는 것은 다음과 같이 해석할 수 있다. 우선 감각피질이 아픔을 느끼면, 뇌 속 섬이 연민을 느끼고, 대상피질이 공감을 느끼면서 구조 행동을 해야겠다는 결정을 내리게 되면, 소뇌가 이 결정을 행동 실천에 옮기도록 하는 일련의 자비 행동 목록이 실천에 옮겨지도록 하는 것이라고 생각할 수 있다. 이것을 더욱 단순하게 설명하면 고통받는 사람을 보고, 연민을 느껴, 도와주는 행동을 하겠다고 결정짓고, 구해 주려는 행동을 실천에 옮길 만반의 준비가 갖추어져 있다는 뜻이다.

이 실험에 직접 참여한 승려이며 분자생물학자인 매튜 리카르는 당시의 상황을 이렇게 말했다. "도와주기 위해 모든 준비가 갖추어져 있는 것처럼 느껴졌어요. 그것은 완벽한 자비와 빈틈없는 준비가 갖추어진 듯한 상태였어요. 고통받는 사람을 도와줄 마음의 준비가 되었던 것이지요. 그렇지만 지금 내가 할 수 있는 일에는 제한이 있다는 걸 깨달았어요."

수행자들은 초심자들에 비해 좌측 전두엽 부위가 두드러지게

수행승의 뇌 활동은 어떤 특징이 있는가?

활성화되었는데, 좌측 전전두엽은 행복이나 기쁨, 낙천성, 열정 등과 관련 있는 뇌 부위라는 것은 지난 20여 년 동안 데이비슨 자신의 여러 연구를 통해 이미 확인된 부위이다. 이들 수행승은 행복감을 주재하는 좌측 전전두피질이 불행, 고통, 긴장, 불안, 우울 등의 부정적 감정을 주재하는 우측 전전두피질의 활성을 완전 압도해 버린 것이다. 수행승에게서 발견된 좌반구의 활성 정도는 일반인을 대상으로 한 수많은 연구에서는 한 번도 관찰될 수 없었던 극단적인 것이었다. 그러나 일주일간의 단기간 명상 훈련을 한 초보자들에게는 이러한 두드러진 현상이 나타나지 않았다. 그러나 데이비슨의 또 다른 연구에서는 두 달 즉, 8주간의 마음챙김 명상(MBSR)을 수행한 일반 회사원에게서도 좌측 전두엽의 두드러진 우세 현상을 관찰했다.

  데이비슨의 연구는 자비명상 수행이 모성애, 공감, 그리고 남을 도와주려는 욕망 등을 일으키는 여러 뇌 부위들을 활성화시킨다는 신경과학적 증거를 제시한 것이다. 이런 발견들은 명상이 우리의 마음을 지배하는 뇌 부위들의 기능을 지속적으로 변화시킬 수 있음을 보여주는 것이고, 명상과 같은 마음의 훈련을 통해 평화, 행복, 자비와 같은 가장 이상적인 마음 상태에 이를 수 있고 이를 지속시킬 수 있다는 불교의 가르침이 현실적으로 이루어질 수 있음을 보여주는 것이다.

7.
일반인도 마음 수행을 통해 뇌를 바꿀 수 있을까?

2006년 1월 23일자 하버드 대학교 학보에 "명상이 뇌를 키운다"라는 기사가 실렸다. 내용인즉 명상을 한 사람은 명상을 하지 않은 사람에 비해 뇌의 부피가 더 커진다는 것이다. 이미 하버드, 예일 그리고 메사추세츠 공과대학(MIT)의 연구자들이 명상은 뇌의 생리학적 기능을 변화시킨다는 증거를 제시한 바 있지만, 특히 이번 연구에서는 명상을 한 사람들은 주의 집중과 감각 정보 처리를 담당하는 특정 뇌 부위가 더 두꺼워진다는 것을 발견했다. 다시 말해 주의 집중과 일반인도 마음 수행을 통해 뇌를 바꿀 수 있을까?

감각 정보를 처리하는 뇌세포체가 밀집되어 있는 회질grary matter 부위의 두께가 더 두꺼워졌다는 것이다. 이런 사실은 대단히 흥미로운 일이다. 왜냐하면 사고를 담당하는 최고 사령부인 뇌피질 부위의 두께는 나이가 들어가면서 점점 얇아져 가는 것이 자연스런 일인데 명상 수련은 반대의 결과를 보여주었기 때문이다.

이 연구를 주도한 하버드 의대 심리학 강사이면서 메사추세츠 병원에서 연구원으로 일하는 사라 라자Sara Lazar 박사는 "우리의 이 연구 결과는 성인에게 명상 수련이 인지, 정서 그리고 웰빙을 담당하는 뇌피질의 가소성을 자극시킨다는 사실을 암시하는 것이다." 라고 말했다. 또한 "이번 연구의 결과는 음악가의 뇌에서 음악 관련 뇌 부위가 발달하고, 곡예사의 뇌에서 시각과 운동 관련 뇌 부위가 발달한다는 이전 연구의 결과들과도 맥락상 일치되는데, 이는 다른 말로 하면 성인의 뇌 구조도 반복된 심리 훈련을 통해 바뀔 수 있다는 것을 시사하는 것이다."라고 언급했다.

라자 박사 등 연구자들은 20명의 명상 경험자와 15명의 비명상자의 뇌 영상을 비교했다. 20명의 명상 집단 중에 4명은 시중의 요가 센터 등에서 건강관리를 위해 요가를 경험해 본 적이 있는 사람이고, 나머지 16명은 법률 관련 직업, 건강 관련 직업 또는 신문, 방송 관련 직업 등을 갖고 있는 전문 직업인으로 명상 경험이 전혀 없었던 사람들이다. 연구에 참여한 35명 모두가 백인이었다. 뇌 영상을 찍는 동안 명상 집단에 속하는 사람은 명상을 행하였고, 통제 집단의 사람들은 단지 이완한 채 누워 무엇이든 마음속으로 생각하도록 했다.

명상은 마음챙김mindfulness 명상을 했는데, 이 명상은 지금 이곳에 나타나는 그 무엇이든, 그것이 소리이든 신체 감각이든 나타나는 그것에 초점을 두고 알아차림하는 것이다. 이 명상은 "옴"이나 기타의 만트라를 반복적으로 읊조리는 것(이 명상은 집중명상. 사마타, 만트라, 지법 등으로 불리는 명상이다)과는 다른 것이다.

라자 박사에 의하면 "감각 경험에 대한 생각보다는 감각 경험 그 자체의 체험에 주의를 기울이는 것이 이 명상의 목적"이라고 했다. 예컨대 갑자기 한 소리를 들었다고 하자. 그 소리에 대해 이렇게 저렇게 판단하며 생각하지 않고 오직 그 소리를 단순하게 듣게 하는 것이다. 오래 앉아 있어 다리가 저리게 되었다고 하자. 그냥 단순히 저린 다리의 감각만 살핀다. 아무 감각도 느껴지지 않는다면 호흡에만 주의를 집중한다. 마음챙김 명상을 잘한다는 것은 마음속에 어떤 생각을 일으키지 않고 오직 지금 이곳에 나타나는 것만 살피고 애써 힘들게 하지 않는 습관을 길러가는 것이다.

이 연구에 참여한 명상 집단의 성원들은 하루에 40분씩, 길게는 1년 정도에서 짧게는 수십 일 정도 명상 훈련에 참여한 사람들이다. 명상의 깊이는 명상에 들어간 후 호흡률이 느려지는 정도로 가늠했다. 이 명상에 참여한 대부분의 사람들은 뇌의 구조에 있어 변화를 보여주었다. 특히 명상 집단이 비명상 집단에 비해 fMRI상 전

일반인도 마음 수행을 통해 뇌를 바꿀 수 있을까?

전두엽피질과 우측 전방 섬right-anterior insula의 두께가 더 두꺼워졌다. 특히 나이 든 피험자들의 전전두엽피질의 두께가 가장 현저했는데, 이것은 명상이 나이가 들어감에 따라 피질이 얇아지는 것을 상쇄시키는 것이다. 라자 박사는 "명상에 들어가는 처음 시점에서는 뇌 구조에 있어서 두 집단 간에 차이가 없었다. 그러나 명상이 끝난 후 뇌의 두께에서 두 집단 간에 차이를 보였기 때문에 이 차이는 명상 경험에 의한 것이다."라고 결론지을 수 있다고 했다.

라자 박사는 "자신도 10여 년 전부터 마음챙김 명상을 해왔는데 요즘에는 일주일에 세 번쯤 한다고 했다. 처음 명상을 시작했을 때는 명상이 효과가 있는지 잘 몰랐지만 이제는 명상의 유익한 변화를 분명히 체험했다고 한다. 명상수행은 스트레스를 감소시키고, 사고의 명료함을 증가시키며, 어려운 상황에 처했을 때도 쉽게 무너지지 않고 주의의 초점을 유지해 갈 수 있는 인내심을 증가시켜 준다.고 했다."

마음챙김 명상은 언제 어느 곳에서나 수행할 수 있는 것이다. 우리는 평소 머릿속에 많은 생각들이 떠도는 것을 알 수 있는데 그 많은 생각들이란 사실 시시하기 짝이 없고 별 뜻도 없는 공상이 대부분이다. 다시 말해 평소 우리의 머릿속에는 시시한 공상으로 가득 차 있다는 뜻이다. 그러나 마음챙김 명상을 하는 근본 목적은 이런 잡다한 생각에 가득 찬 머릿속을 깨끗이 비워 내 보려는 것이 주목적이 아니라 그러한 시시콜콜한 생각들에 사로잡혀 끌려다니지 않도록 하자는 것이다.

　사람들은 중요한 일의 결정을 앞두고 만약 실수하면 어떡하지? 만약 그 결과가 보스의 마음에 들지 않으면 어떡하지? 등등의 온갖 자질구레한 걱정거리로 머리가 복잡해짐을 느낄 때가 많다. 다시 말해 일어날지 또는 일어나지 않을지도 모르는 막연한 일에 대해 '일어난다면 어떻게 하지?' 라는 식으로 지나치게 걱정한다. 이런 경우가 바로 공상에 끌려가는 것이다.

　공상에 끌려가는 대신 '지금 이 순간 나에게 일어난 생각이나 느낌이 무엇이지?' 또는 '지금 바로 이 순간 일어나고 있는 일이 무엇이지?' 하고 주의의 초점을 지금 이 순간 이곳에서 일어나는 일에 맞추게 되면 미래의 일에 대한 걱정거리 때문에 발생하는 스트레스를 날려 보낼 수 있다. 이렇게 되면 이 순간의 나의 느낌과 생각은 보다 맑아지고 의욕도 솟아오른다. 이런 식으로 지금 이 순간 일어나고 있는 감각, 감정, 생각 들에 대해 주의를 집중하는 마음 훈련인 마음챙김 명상을 수련하면 우리의 의식이 명료해지고 상쾌해질 뿐 아니라 불안, 긴장, 우울, 분노 등의 부정적 생각은 감소된다.

　라자의 실험에서 마음챙김을 통해 뇌피질의 특정 부위의 두께가 증가된 양은 0.1016~0.2032밀리미터 정도다. 증가된 양은 일상적 삶 속에서 명상에 바친 시간에 비례했다. 비록 증가된 양이 두드러지게 큰 것은 아니지만 명상에 의해 뇌의 양적 크기가 증가된 것은 건강이나 웰빙의 증가 또는 노화를 늦추고 뇌를 건강하게 하는 뇌 일반인도 마음 수행을 통해 뇌를 바꿀 수 있을까?

장수와도 밀접한 관련을 맺고 있을 가능성이 있어 지금 이 문제에 대한 자세한 연구가 진행되고 있다.

또한 명상이 뇌세포들 간의 연결을 강화시키고 보다 많은 미세 혈관을 성장시키도록 하는 게 아닌지, 또는 뇌피질의 두께 증가가 일상적인 행동에 구체적으로 어떤 영향을 미치는지, 가장 궁금한 문제의 하나로 명상에 의한 뇌피질의 양적 증가가 지적인 기능을 담당하는 뇌 부위와 감정을 담당하는 뇌 부위 사이의 소통을 증가시키는 것이 아닌지, 등등의 문제가 지금 핵심적인 것으로 검토되고 있다.

지금 이러한 물음들에 대한 해답을 얻기 위해 대규모의 본격적 연구가 진행되고 있다. 위스콘신 대학과 메사추세츠 대학의 공동 연구와 하버드와 예일대의 합동 연구에 의해 실마리를 찾아가고 있다. 이런 연구들 가운데 위스콘신대의 리처드 데이비슨과 메사추세츠대의 존 카밧진 등에 의해 이미 이루어진 산업체 근로자를 대상으로 마음챙김 명상에 의한 좌측전전두엽의 기능 우세성과 우세성 정도에 따르는 면역체 기능에 관한 연구를 들 수 있는데, 이 연구의 상세한 내용은 제7장 「명상과 심신 치유 : 신경과학적 근거」에서 자세히 언급할 것이다.

6장
마음의 평화를 얻기 위한 명상수행: 이완반응 명상

1.
삶의 고통, 스트레스를 어떻게 대처할까?

꿀같이 달콤한 새벽잠을 자명종 소리가 깨운다. 눈을 비비며 비틀비틀 화장실로 가 건성으로 얼굴을 씻고 의식이 채 돌아오지도 않은 채 아침밥을 먹는 둥 마는 둥 허둥대며 출근길에 나선다. 오늘 하루를 어떻게 헤쳐 나가야 할까를 고민하면서 일터로 달려간다. 어제 미처 끝내지 못한 일들과 앞으로 해야 할 일들이 첩첩이 쌓여 있는 것을 바라보니 긴장은 점점 더 솟아오른다. 긴장감은 하루 종일 계속된다.

삶의 고통, 스트레스를 어떻게 대처할까?

　　이런 스트레스는 어제 오늘의 일이 아니라 이미 일상이 되고 말았다. 이런 스트레스의 악순환이 되풀이되고 있는 것이다. 직장에서의 어려운 일뿐만 아니라 가족 간 갈등이나 집안의 우환, 나 자신의 건강에 대한 염려, 미래에 대한 두려움 등등 삶의 고통은 도처에서 엄습한다. 한 번 시작된 고통의 악순환은 눈덩이 커지듯 점점 더 커져 결국 몸과 마음에 고장을 일으키고 만다. 두통이나 불면증은 가벼운 경우이고 고혈압이나 심장병과 같은 순환기 질병으로까지 발전되어 가기도 한다.

　　직장 생활을 하는 사람은 누구나 이런 스트레스를 겪어 보았을 것이다. 어떤 사람들은 다른 사람들에 비해 이런 스트레스의 악순환에 비교적 잘 대처할 수 있지만 이런 사람들조차도 스트레스를 누그러뜨려 줄 특별한 기법의 도움과 같은 것이 필요할 때가 있다. 그런데 병원에 가면 의사들은 스트레스를 받지 말고 쉬라고만 한다. 하나마나 한 소리다. 과연 누가 스트레스를 받고 싶어할까? 쉬고 싶지 않은 사람이 또한 어디에 있겠는가? 자리에서 일어나 화장실을 다녀오고 커피 한 잔 마시며 잠시 쉬는 것도 스트레스 감소에 일시적인 도움이 될 수 있고, 휴가를 간다든가, 퇴근 후에 술 한 잔을 하던가, 짬짬이 운동을 하는 것도 도움이 될 수 있다.

　　하지만 이런 방법으로는 스트레스에 근본적인 대처가 되지 못한다. 일시적으로 긴장을 이완시킬 수는 있겠지만, 끊임없이 밀려와 긴장의 악순환을 유발하는 온갖 근심, 걱정거리에서 해방될 수는 없다. 이런 때야말로 명상이나 이완 또는 기도가 필요해지는 절박한 때이다.

불교에서는 사람의 삶 자체를 고통苦으로 보고 이 고통이 어떻게 만들어졌으며集, 고통이 없는 이상의 세계滅로 가기 위해, 어떻게 해야 하는가道를 가리켜 4가지 진리四聖諦라 했다. 결국 삶의 고통苦에서 벗어나 안락한 세계로 가려는 것이離苦得樂 불교의 근본 목적이다. 그러기 위한 노력의 결집이 바로 마음 수행의 방법, 보다 구체적으로 명상이란 방법으로 개발되어 전승되어 온 것이다.

명상을 하는 방법에는 여러 가지가 있지만 크게 지止와 관觀으로 나눈다. 먼저 지법止法은 특정한 하나의 대상에 의식을 집중하는 훈련이다. 비유하자면 사진을 찍을 때 피사체에 렌즈의 초점을 맞추는 식으로 이를 집중명상concentration meditation이라 한다. 예를 들면 "옴마니반메훔"과 같은 만트라mantra,眞言를 계속 반복하여 읊조린다거나, "관세음보살"과 같은 불보살의 명호를 되풀이하여 외운다거나, 특정한 화두를 잡아 그것에 대해 계속해서 의식을 집중해 나가는 명상이 여기에 해당된다. 이런 명상을 "지법止法" 또는 삼매三昧,三摩地:samadhi" 또는 " 사마타samatha" 수행이라 한다.

다음으로 관법觀法은 지금 이 순간 이곳에서 일어나고 있는 것들에 대해 열린 마음으로 판단하지 않고 고요히 살펴보는 명상이다. 마치 시야의 전면을 넓게 포착하기 위해 카메라의 렌즈를 최대한 여는 것에 비유된다. 지금今 이곳處에 마음心을 챙긴다는 뜻으로 염처念

삶의 고통, 스트레스를 어떻게 대처할까?

處라고도 부르고, 정념正念이라고도 부르며, 위빠사나vipassana, 통찰명상insight meditation 또는 마음챙김 명상mindfulness meditation이라고도 부른다(앞으로는 마음챙김 명상으로 통일할 것이다).

간단히 정리하면 집중명상은 만트라나 화두와 같은 하나의 특정 대상을 정하고 그것에 마음의 초점을 두고 집중해 가는 명상이다. 반면에 마음챙김 명상은 여러 가지 일상적인 행동들, 예컨대 누워서나, 앉아서나, 걷거나, 숨 쉬거나, 먹거나, 말할 때나, 말을 하지 않을 때나 등등 일상생활 가운데 지금 행하고 있는 일이나 일어나고 있는 현상들에 대해 판단하지 않은 채 조용히 바라보는 것을 훈련하는 명상이다.

삶의 고통을 넘어 고통 없는 열반에 이르고자 하는 마음 수련이 불교 수행의 핵심 전통이다. 그러나 20세기 후반에 이르러 산업 문명이 고도화되면서 스트레스라 부르는 현대인의 고뇌가 문제 되기 시작했다. 스트레스를 방치하면 만성 질병이 발생한다는 사실이 밝혀지면서 스트레스에 대처하기 위한 효과적 방법으로 명상의 중요성이 부각되기 시작했다.

특히 1970년대에 들어와 스트레스가 극심해지면서 스트레스 관련 질병이라 일컫는 만성병이 병원을 찾는 외래환자의 80퍼센트를 이루면서 이들 환자를 효과적으로 치료할 방법으로 명상이 주목을 받게 되었다. 하버드 의대의 심신의학 연구소의 벤슨 박사 팀이 개발한 이완반응법Relaxation Response:RR이란 명상법과 메사추세츠 대학 의료원의 카밧진 박사가 개발한 마음챙김 명상에 기반한 스트레스 감소Mindfulness Based Stress Reduction:MBSR 프로그램이란 명상법이 현재 미국을 중심으로 서양의학에서 널리 사용되는 의료 명상으로 주목을 받고 있다.

2.
이완반응 명상이란 무엇인가?

1967년 허버트 벤슨 박사는 하버드 의대에서 심장병 전문의 과정을 마치고 원숭이를 대상으로 스트레스와 혈압과의 상관관계를 연구하기 시작하였다. 원숭이의 혈압이 상승할 때는 원숭이 면전에 백색의 광선을 비춰 주고, 혈압이 내려갈 때는 청색 광선을 비추어 주면서 원숭이가 자신의 혈압을 스스로 낮출 때마다 먹이를 주었다. 훈련 끝에 원숭이는 자신의 혈압을 스스로 낮출 수 있게 되었다. 원숭이가 혈압약을 먹지도 않고 스스로 혈압을 낮출 수 있다는 이 연구의 결과는 매스컴의 주목을 받았다. 당시 동물들이 자율신경계의 활동인 혈압이나 맥박 등을 임의로 조절할 수 있다는 연구는 예일대학의 심리학자 밀러와 디카라Miller & Dicara가 쥐를 가지고 한 실험에서도 성공했었다. 이런 유의 학습 연구를 자율신경 조건화autonomic conditioning 또는 장기 조건화visceral conditioning라 불렀다. 자율신경계 활동은 마음대로 조절할 수 없는 불수의적인 것으로 알고 있었던 서양의학의 전통적 견해에 이런 동물 실험의 결과는 너무나 큰 충격을 던졌다.

벤슨의 원숭이 연구 결과가 세상에 알려지자 초월명상(TM)을 수련한 한 수행자가 벤슨을 찾아와 "왜 원숭이 같은 동물만을 대상으로 연구하는가? 초월명상을 하는 사람도 혈압을 임의적으로 내릴 수 있다."고 주장하였다. 이 수련자가 거듭 찾아와 자기를 대상으로 실험해 보라고 졸랐기 때문에 벤슨은 이 수행자를 대상으로 명상 중에 일어나는 혈압 변화뿐만 아니라 호흡률, 체온 등도 측정해 보았다.

이 연구에 자원한 수련자의 혈관 속에 미세한 기록 장치를 삽입한 후 명상에 들어가기 전 20분 동안의 휴식기와 명상을 시작하고 20분이 지난 명상 기간 동안, 그리고 명상이 끝나 20분이 지난 후, 이렇게 세 차례에 걸쳐 각종 생리학적 반응들을 계측하였다.

휴식 상태에서 명상 상태로 들어가자마자 놀라운 생리학적 변화들이 관찰되었다. 첫째, 산소 섭취율이 명상 전에 비해 17퍼센트나 급감하였고 이산화탄소의 배출률도 12퍼센트나 줄었다. 호흡률

이완반응 명상이란 무엇인가?

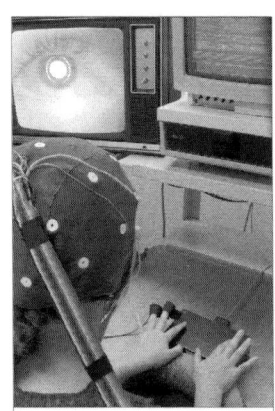
명상에 따른 뇌파의 변화를 측정하고 있는 모습

도 안정 상태에서는 분당 14~15회였는데, 명상 상태에서는 10~12회로 줄었고, 혈류 속의 유산염 수준도 현저히 낮아졌다. 유산염 수준은 불안이나 긴장 수준과 관련 있는 것인데, 이 수치가 낮아졌다는 것은 평화감과 이완감이 높아졌다는 의미이다. 이렇게 각종 생리적 지표가 이완된다는 것은 지금까지 보고된 어떤 사례보다도 더 낮은 수준이었다. 끝으로 명상 상태에서는 느린 파형의 뇌파인 α파가 많이 나타났는데 이것은 심리적으로 안정되고 이완되어 있다는 뜻이다. 이 수행자는 명상 전, 명상 도중, 명상 후 모든 측정 시기에 다소 낮은 혈압도 보여주었다. 명상 동안에 혈압이 약간 더 낮아지긴 했지만 유의미한 차이는 아니었다.

이 연구에서 보듯 명상 상태의 생리학적 특성은 수면이나 동면에서 보여주는 것처럼 낮은 수준의 신진대사율을 보여준다는 것이다. 이러한 명상 상태의 생리학적 특징은 대사율로 볼 때는 낮은 대사 상태이지만 뇌파로 볼 때는 안정 이완 상태를 유지한다고 볼 수 있다. 벤슨 박사는 이러한 정신생리학적 특징을 각성-저대사 상태 wakeful-hypometabolic state라고 불렀다. 이 상태는 불교에서 선禪의 경지, 즉 마음은 별처럼 또렷하면서도 몸은 고요한 상태를 보인다는 이른바 성성적적惺惺寂寂의 경지를 정신생리학적 표현으로 대치한 것으로 볼 수 있다.

    벤슨은 TM 수련이 힌두교라는 특정 종교의 수행 방식이기 때문에 이완반응이란 이름으로 바꾸어 1975년부터 임상에 적용했다. 이완반응법은 종교적 색깔을 배제한 순수한 임상 적용을 위한 명상법으로 배우기가 쉬워 일반인도 환자도 쉽게 활용할 수 있다. 또한 임상 효과도 객관적으로 검증할 수가 있다. 한번 배우면 언제 어디서나 일상생활 속에서 사용할 수도 있고 비용도 별도로 들지 않으며, 부작용도 없다는 이점 때문에 널리 보급되었다. 이후 언급될 내용은 벤슨 박사의 여러 저술들을 종합한 것이다.

3.
이완반응 명상은 어떻게 수련하는가?

    이완반응은 소리나 단어와 같은 진언 또는 만트라나 기도문과 같은 언어적 방법을 통해 엄습해 오는 잡념과 공상의 고리를 끊음으로써 마음에 휴식을 가져오게 하는 방법이다. 특히 고요히 만트라 또는 진언을 반복적으로 읊조려 주의를 집중할 대상을 갖게 되면 쓸데없는 공상에서 벗어나게 된다.
    처음 이완반응 기법을 시행할 때부터 마음이 편안해지고 고요해지는 것을 체험할 수도 있지만 너무 성급하게 즉각적인 효과를 기대하지 말아야 한다. 하지만 이 기법을 꾸준히 몇 주간만 실행에 옮긴다면 심신에 장기적인 혜택이 뚜렷이 나타날 것이다. 더구나 이 간단한 명상 기법이 개인의 종교적 믿음 체계와 결합된다면 엄청난 잠재적 효과를 가지게 되리라는 점은 앞에서 살펴본 바와 같다.

어떻게 신념 요소를 이완반응 명상 기법에 접목시켜 나갈 것인지 그 구체적 방법을 살펴보자.

1단계 _ 자신의 믿음 체계에 알맞은 짧은 기도문이나 단어를 선택한다
이완반응의 핵심은 명상의 초점이 될 문장이나 단어(만트라)에 있기 때문에 자신에게 의미 있는 단어나 문장을 스스로 선택하는 것이 매우 중요하다. 자신에게 의미를 갖는 단어나 문장을 선택하게 되면 긍정적인 플라시보 효과를 불러일으킬 수 있게 된다.

그러므로 각자에게 의미 있는 단어나 문장을 골라 마음을 집중한다면 일석이조의 효과를 누릴 수 있게 된다. 그렇다면 어떤 단어나 문장을 선택하여야 할 것인가? 가장 중요한 것은 숨을 내쉴 때 한 번 숨을 내쉬는 동안 말할 수 있을 정도의 짧은 단어나 문장이어야 한다는 것이다.

불교나 힌두교 같은 동양의 여러 종교에서는 명상수련을 중시하였으므로 각 종교에 걸맞은 적절한 단어나 만트라가 많다. 하지만 서구인들, 특히 개신교나 유태교를 믿는 사람들은 이러한 만트라 수련에 거부감을 느낄 수 있다. 그러나 비록 어떤 종교나 철학적 전통

이완반응 명상은 어떻게 수련하는가?

을 따르는 사람이라 하더라도 자신에게 맞는 대안이 있다는 것을 고려해야 한다. 참고로 가톨릭교도라면 "은혜의 예수 그리스도", "은총이 가득하신 마리아님"…, 개신교도라면 "여호와는 나의 목자이시니", "하나님이 우리를 사랑하사"… 등등의 문구를 고를 수 있을 것이다. 유태교도라면 "샬롬", "네 이웃을 사랑하라"…, 이슬람교도라면 "알라", "알라는 위대하시다"….

불교와 힌두교는 오랜 명상의 전통을 가지고 있으므로 별 어려움 없이 명상의 문구를 찾을 수 있다. 예컨대 불보살의 명호로 "관세음보살", "나무아미타불", 진언류로 "옴", "옴마니반메훔" 등등을 선택할 수 있다. 종교를 믿지 않는 사람도 "평화", "사랑" 또는 "하나" 등과 같은 단어를 선택할 수 있다. 어떤 만트라를 선택하느냐 하는 것은 오직 자신의 신념 체계에 따라 스스로 선정하면 된다.

2단계 _ 편안한 자세를 취한다

이완반응 수련에는 가부좌와 같은 어려운 자세를 취하라고 강요하지 않는다. 대신 생각을 방해하지 않을 정도로 편안한 자세로 앉으면 된다. 방석 위에 가부좌 또는 반가부좌 자세를 취할 수도 있고, 의자 위에 앉아서 할 수도 있다. 의자에 앉아서 하는 경우는 등을 등받이에 붙이지 말고 꼿꼿이 세워 하는 것이 좋다. 너무 편안한 자세를 취해 앉으면 졸음이 오기 쉽다. 버스나 전철을 타고 가는 동안 하면 시간도 절약되어 좋다.

3단계 _ 눈을 감는다

실눈을 뜨거나 눈을 깜빡거리지 말고 편안히 자연스럽게 눈을 감는다. 눈을 감는 데 힘을 들여서는 안 된다. 눈을 감는 이유는 시각적 자극의 방해를 받지 않게 하기 위해서이다.

4단계 _ 근육을 이완시킨다

발부터 시작하여 종아리, 허벅지, 배로 올라오면서 몸 이곳저곳의 근육에 힘을 뺀다. 머리와 목, 어깨를 부드럽게 돌리고 어깨를 가볍게 들어 올렸다가는 힘을 빼고 떨군다. 팔을 뻗었다가 힘을 빼는 등의 동작을 한 뒤 자연스럽게 무릎 위에 올려놓는다.

5단계 _ 호흡에 집중하며 믿음에 기반한 문구를 반복 읊조린다

천천히 자연스럽게 숨을 쉰다. 억지로 규칙적인 호흡을 할 필요는 없다. 숨을 내쉴 때마다 선택한 단어나 문구를 되풀이하여 읊조린다. 예를 들어 "관세음보살"이라는 문구를 선택했다고 하자. 천천히 숨을 들이쉬었다가 내쉬면서 내뱉는 호흡과 함께 마음속으로 "관세음보살"을 반복해서 읊조린다. 이보다 더 긴 문장, 예를 들어 "여호와는 나의 목자이시니"를 선택했다면 역시 내뱉는 호흡과 함께 마음속으로 이 문장을 반복하여 읊조린다.

이완반응 명상은 어떻게 수련하는가?

6단계 _ 수동적인 자세를 잃지 않는다

고요히 앉아서 단어나 문구를 반복할 때 잡념이 일어나는 것을 피하기란 쉽지 않다. 그러나 이런 잡념 현상은 이완반응을 실행하는 중에 누구에게나 쉽게 일어나는 자연스런 현상일 뿐이므로 고민할 필요는 없다. 잡념이 일어날 때면 억지로 잡념을 없애려 하기보다는 다음과 같이 자연스럽게 대처하도록 한다.

잡념이나 망상이 밀려오거나 바깥에서 큰 소리가 나서 주의를 빼앗겼다던가, 또는 몸에서 통증이 느껴져 방해를 받는다면 그저 수동적인 자세를 취하도록 한다. 다시 말해 잡념을 없애려고 애쓰지 말고 잡념이 생겨도 "괜찮아."라고 스스로 말하고, 선택한 문구나 단어를 반복하는 쪽으로 되돌아간다. 잡념을 없애려고 애를 쓰는 것은 피해야 한다. 명상하는 동안 계속하여 잡념이나 외부 소음에 시달린다 하더라도 염려할 필요는 없다. 이는 자연스런 현상일 뿐이기 때문이다. 명상할 때마다 잡념이 밀려온다 하더라도 수동적인 자세로 다시 단어나 문구로 되돌아갈 수 있다면 이완반응의 신체적 효과는 나타나는 것이다.

명상을 하다 보면 과연 내가 명상을 제대로 하고 있는지, 명상의 효과가 언제 나타날 것인지 등등의 잡념까지도 떠오른다. 그러나 규칙적으로 계속 명상을 하면 잡념을 무시하는 법을 자연스럽게 배우게 될 것이다.

이완반응 훈련은 마치 매일 이를 닦고 세수를 하는 것처럼 하나의 일과가 되어야 한다. 칫솔질을 하면서 지금 자신이 풍치 예방과 구취 제거라는 궁극적인 목적을 위해 이를 닦고 있다고 생각하는 사람은 없을 것이다. 별 생각 없이 매일매일 양치질을 할 때마다 기분도 좋아지고 그렇게 하면 충치 예방의 효과도 가져오는 것이다.

7단계 _ 하루 두 번씩 반복한다

이완반응을 하루 두 번씩 한다. 보통 아침, 저녁 식사 전에 하는 것이 좋다. 배가 부르지 않을 때 하는 것이 더욱 효과가 있다. 왜냐하면 이완반응을 하는 동안에는 전 신체에 흐르는 혈액량이 감소되기 때문에 소화에 방해가 되기 쉽다. 식사 후 2시간이 지나서 하면 좋다.

4.
이완반응 명상으로 심신의 고통이 극복된다

이완반응이 개인의 믿음 체계와 결합할 때 생기는 치유의 효과는 앞에서 본 바와 같다. 적절히 잘 활용하면 삶의 고통 즉, 스트레스에서 파생되는 질병의 예방이나 치유에 큰 도움이 될 수 있다.

벤슨은 많은 환자를 치료해본 경험에 바탕을 두고 이완반응과 신념 체계를 결합하여 줄기차게 실천하면 다음과 같은 질병의 치료에 효과가 있다고 기술하고 있다.

- 긴장의 악순환 고리를 끊음으로써 긴장성 메스꺼움, 구토, 설사, 변비, 호흡곤란 등을 해소할 수 있다.
- 과호흡증에 대처할 수 있다.
- 두통, 요통, 협심증 발작 등의 각종 통증을 경감시켜 준다.
- 고혈압 증상에 대처할 수 있으며 심장 박동이 불규칙한 부정맥에도 도움이 된다.
- 불면증, 신경과민, 졸음 등의 치료에 응용할 수 있다.
- 암 치료에 응용할 수 있다.
- 허피스, 기관지천식, 십이지장궤양
- 피로, 현기증, 발기 부전 등의 치료에도 응용할 수 있다.

위에 열거한 증세들은 스트레스에 의해 교감신경계가 지나치게 활성화되어 일어나는 증세들이다. 이완반응의 기본 원리는 긴장과 흥분을 야기하는 교감신경계의 지나친 활성화를 억제하고 대신 이완과 평화를 야기하는 부교감신경계를 활성화시키는 것이다.

한편 이완반응을 계속 줄기차게 실천하면 다음과 같은 결과가 점진적으로 나타날 것이다.

- 질병과 그 증상에 대한 지나친 염려가 줄어든다. 따라서 긴장의 악순환 고리가 끊어진다.
- 처음에 보이던 증상이 점차 가벼워진다.

이완반응 명상으로 심신의 고통이 극복된다

- 증상이 나타나는 빈도가 줄어들고 점차 고통이 느껴지지 않게 된다.
- 고통이 느껴지지 않는 시간이 상대적으로 늘어난다.
- 증상이 완전히 사라져 버리거나 비록 남아 있다 하더라도 일상생활에 별 지장을 주지 않는 수준으로 줄어든다.

이러한 진전을 보이게 될 때까지 걸리는 시간은 사람마다 다르다. 빠른 사람은 몇 주 만에 나타나는 수도 있지만 늦은 사람은 한 해 이상 걸리는 수도 있다. 대부분은 4주에서 6주 정도면 증상이 한결 나아짐을 느낀다.

5.
브레이크 아웃 : 영적 변형 체험

우리는 전부터 지속해 오던 정신적 패턴, 다시 말해 스트레스에 대한 악순환적 반응이나 비생산적인 사고 패턴이 일시에 부서지고 새로운 인지의 세계로 나가는 자기 변형이 이루어지길 갈망한다. 과연 이러한 획기적인 자기 변형의 체험이 명상을 통해 가능한가?

지금까지 우리는 이러한 변형적 체험을 영적 체험 또는 영성 체험이라 부른다. 그래서 깊은 신앙심을 가지고 지극하게 기도하거나 마음을 닦아 나갈 때 이러한 영적 체험을 할 수 있는 것으로 생각해 왔다. 더구나 이러한 신비적 체험을 경험하고 나면 고질병이 한꺼번에 고쳐지고, 과거에 보지 못하던 새로운 인지 세계가 나타난다고 알고 있다. 그러나 이러한 심리적 세계는 아르키메데스의 "유레카eureka" 발견 또는 불교의 "견성"과 같은 고차원적인 세계에서부터 일상생활 속에서 흔히 체험되는 "아, 그렇지!" 하고 무릎을 치는 통찰의 경험에 이르기까지 실로 다양한 모습으로 존재한다. 쉽게 말해 영적 변형이란 오랫동안 해결책을 찾지 못해 끙끙거리던 난제가 한꺼번에 풀리는 새로운 경지를 말한다.

벤슨 박사는 이런 변형의 경지를 "브레이크 아웃Breakout"이라고 불렀는데 이것이 일어나는 데는 몇 개의 단계가 있고 일단 브레이크 아웃이 발생되고 나면 몸과 마음에 엄청난 변화가 일어난다는 것을 뇌 과학으로 밝혔다. 흥미 있는 것은 브레이크 아웃이 바로 자기 변형의 기본 과정으로 종교적 체험, 특히 명상과 같은 심신의 이완 상태와 밀접한 관련이 있다는 것이다.

창의적인 통찰감을 맛보았다거나 깊은 영적 변형을 경험했다는 사람들은 그의 경험 내용을 말로 표현하는 데 어려움을 느낀다. 변형의 그 순간이 너무나 찌릿하고, 극적이고, 통쾌하여 말로 표현하기 힘들다는 것이다. 선승禪僧들이 체험하는 견성의 경지를 말로 표현할 수 없어 덩실덩실 춤을 추었다고 하거나 "불립문자不立文字"라든가 "이심전심以心傳心"이라고 한 것을 상기해 볼 수 있다.

그러나 이런 통찰감이나 정상을 체험하는 변형의 순간 느끼는 마음의 상태는 생리생화학적 작용들이 복잡하게 얽혀 있는 심리 생물과학적 과정인데, 이 과정을 설명하는 최신의 연구가 등장하였다. 벤슨 박사는 2003년 『브레이크 아웃의 원리 breakout princeple』라는 저서를 통하여 브레이크 아웃이 일어나고 있는 동안의 심리 생물학적 기제에 대해 설명하고 있다. 요약해 보자.

　어떤 문제에 부딪혀 해결의 실마리를 찾지 못할 때 우리는 스트레스를 느끼게 된다. 이때는 아드레날린이나 노어아드레날린 또는 코티졸과 같은 스트레스 관련 호르몬이 분비된다. 이들 호르몬에 의한 스트레스 반응은 뇌나 신체를 각성시키고 대사 활동을 늘려 문제를 해결하려고 몸부림치게 하는 에너지원이 된다. 그러나 일반적으로 이러한 스트레스 반응은 일시적인 반응이지만 만약 이 반응이 끝나지 않고 지속되면 심신을 피폐시켜 결국에는 질병을 만든다. 인간은 이런 심신의 피폐화를 방지하고 건강을 지키게 하는 지혜를 발견했다. 그것은 바로 마음과 몸을 쉬게 하는 명상, 기도, 요가 등의 마음 수련 방법이다. 이런 마음의 수련법인 명상의 방법이 약물치료를 위주로 하는 현대 의학이 등장하기 이전까지 몸과 마음의 병을 치료하는 의학의 핵심이었다. 앞서 본 티베트 의학이나 플라시보 의학이 바로 이런 것이다.

　앞서 본 것처럼 만트라 수행을 기반으로 하는 이완반응 명상을 꾸준히 실천하는 사람은 심신의 조건이 크게 개선되어 스트레스에 대한 이완 효과 때문에 혈압이나 심장 박동률 따위가 저하된다. 더욱 놀라운 것은 이완반응이 보다 깊어지면, 창의성의 체험, 자아 실현감, 생산성이나 운동 수행력의 증가, 심지어는 영적인 변형 경험의 촉발과 같은 브레이크 아웃이 일어난다.

이 브레이크 아웃이 일어나기 전의 제1단계에서는 난제를 풀기 위해 몸과 마음이 긴장되고 각성되어 스트레스 호르몬의 분비가 다소 증가한다. 따라서 혈관은 수축되고 혈압은 상승하며 심장 박동은 증가하게 된다. 쉽게 말해 문제가 풀리기 전 해결책을 찾기 위해 끙끙대며 애쓰고 노력하는 시기가 바로 이때이다.

제2단계는 스트레스 호르몬의 작용에 맞서는 화학물질이 동원되는 단계에 진입한다. 2단계를 촉발시키는 인자는 무엇일까? 우리가 골치 아픈 난제에 얽혀 해결책이 쉽게 나오지 않으면 따분함, 좌절감, 불면증 등의 심리적 증후와 두통과 근육통 등의 신체적 증후가 일어나게 된다. 이때 난제 해결에 집착하기보다 한 발짝 뒤로 물러나 그 상황을 바라보려는 여유를 가져야겠다고 생각한다.

문제 해결 때문에 골치 아파할 때 음악을 듣거나, 숲길을 산책하거나, 조용한 장소에서 명상을 하거나 기도를 하는 것이 바로 한 발짝 물러나 쉬는 방법이다. 쉬운 말로 당장 눈앞에 걸린 문제를 내려놓고 몸과 마음을 쉬는 것이다. 이렇게 이완하게 될 때 스트레스 호르몬 대신에 평화의 호르몬인 도파민과 엔도르핀이 분비되고 이어 일산화질소$^{nitric\ oxide}$라는 기체성 물질이 분출된다.

기도나 명상을 통해 깊은 이완에 이르면 뇌 속에 도파민과 엔도르핀 그리고 일산화질소의 분출과 관련 있는 생화학적 특성이 나타난다고 한다. 즉 기도가 절실해져 이완반응이 극대화되는 시점이 되면 기분을 상승시키고 박테리아성 염증에 대응 작용을 하며 면역을 강화시켜 주는 일산화질소라는 기체성 물질이 우리 몸속에서 증가된다는 사실이 발견됐다.

일산화질소가 분출되고 기분을 유쾌하게 하는 도파민이나 엔도르핀과 같은 물질이 분비되면 통찰이나 창의성의 발현, 수행 능력의 증가 그리고 심오한 영적 체험과 같은 변형된 의식 상태가 나타나게 되는데 이것이 브레이크 아웃이다. 브레이크 아웃이 일어나면 과거에는 전혀 생각하지도 보이지도 않았던 새로운 세계가 나타나면서 끙끙대던 상황이 일시에 해결된다. 아르키메데스가 경험한 "유레카"의 세계, 과학자들의 통찰 세계, 예술가의 심미 세계, 수행승의 화두 깨침 등은 최정상의 브레이크 아웃의 상태에 이른 경우라 할 수 있을 것이다.

브레이크 아웃을 경험하게 되면 과거식으로 생각해 온 사고의 패턴 또는 행동 패턴이 깨어져 버리고 새로운 사고와 행동의 지평으로 진입하게 된다. 이러한 브레이크 아웃은 몸과 마음이 집착으로부터 떨어져 나와 깊은 이완으로 들어갈 때 비로소 만나게 되는 경지이다. 이것은 삶의 고苦, 다른 말로 스트레스에 따르는 악순환의 고리가 이완에 의해 끊어질 때 나타나는 새로운 세계이다. 이 경지는 영성적 변형이나 초월적 경험이란 말로 표현될 수도 있을 것이고 이른바 도道를 깨쳤다는 말과도 통할 수 있을 것이다.

6.

브레이크 아웃의 뇌 과학

　깊은 명상에 들어간 수행승의 뇌 속에는 과연 어떤 변화가 일어날까? 1990년대까지만 해도 뇌파를 통해 알아보는 것이 주된 연구 방법이었다. 그 결과로 수행승의 뇌에서 느린 뇌파인 알파파α波나 세타파θ波가 보이는 것이 그 특성이라고 했다. 그러나 최근에는 사마타나 자비명상을 수행하는 수행승의 뇌에서는 초당 40주기 정도를 보이는 매우 빠른 감마파γ波가 나타나는 것이 특징이라고 주장한다. 또, 마음 수행을 하는 방식에 따라, 다시 말해 명상을 수행하는 방법에 따라 뇌파의 차이가 나타난다는 보고도 있다.

그러다가 1990년대 후반에 들어와 fMRI가 활용되기 시작하면서 명상 중의 뇌 활동 연구도 새로운 국면을 맞이하게 되었다. 이 장비를 통해 기도, 명상 또는 이완반응을 하고 있는 수행자들의 뇌 속에서 일어나는 역동적 변화를 마치 생중계하듯 실시간에 알아볼 수 있게 되었다. 이 장치는 어떤 특정한 순간 뇌의 다양한 영역으로 흘러 들어가는 혈액의 양을 알아냄으로 뇌의 활동 부위를 가려낼 수가 있다.

즉, 명상하는 동안 브레이크 아웃과 같은 영적인 체험을 하는 순간 뇌의 역동적 활동 양상을 fMRI를 통해 탐지할 수 있는 것이다. fMRI를 사용하여 뇌의 역동성을 알아본 하버드 의대 사라 라자 박사의 연구를 중심으로 명상 중의 뇌 활동의 역동성을 살펴보기로 하자. 라자는 벤슨 박사 팀의 한 연구원으로 있는 여류 심리학자이다. 그녀는 명상 중에 있는 시크^{Sikh}교도의 뇌를 fMRI를 통해 측정하였는데 연구 결과가 2000년 5월호의 〈뉴로 리포트$^{Neuro\ Report}$〉지에 실렸고, 벤슨이 2003년에 쓴 『브레이크 아웃의 원리』에도 소개되었다. 이 연구는 앞서 살펴본 리처드 데이비슨의 티베트 승려를 대상으로 한 연구와 더불어 명상 중의 뇌 활동 부위를 fMRI를 통해 알아본 최초의 연구 중 하나로 평가받고 있다.

시크교는 15세기경 탄생한 종교로 이슬람과 힌두교의 원리를 서로 결합해 유일신을 신봉하는 종교인데 머리에 독특한 모양의 터

번을 감아올린 인도 북부의 사람들이 이 종교의 신도들이다. 라자 박사는 실험에 들어가기 전에 6분 동안 실험 참여자에게 개, 고양이, 새 등의 애완동물을 마음속에 떠올리도록 하는 통제 시간을 주었다. 그런 후에 숨을 들이마실 때 마음속으로 "세트남sat nam"이란 만트라를 읊조리고, 내뱉을 때는 "와헤구루wahe guru"라는 만트라를 읊조리라고 하면서 명상에 들어가도록 했다. 이 만트라는 이들이 평소 명상할 때 전형적으로 사용하는 시크교의 만트라이다. 이렇게 만트라를 계속하여 읊조리면 이완반응 훈련의 효과와 종교적 믿음 체계가 서로 결합되어 깊은 이완 끝에 브레이크 아웃이 촉발된다.

만트라 수행에 들어가자 기대했던 것처럼 느린 호흡이 나타나고, 맥박이나 체온이 안정되었다. 그러나 fMRI를 통한 신경학적 측정에 놀라운 몇 가지 사실이 드러났다. 즉, 대부분의 뇌 영역들은 활동을 보여주지 않아 안정적이었지만 주의 집중, 시간 공간 개념과 의사 결정이나 마음의 집행을 통제하는 뇌 영역, 다시 말해 최고 수준의 정신 활동을 관장하는 뇌 영역은 활동성을 보여주었다. 그리고 명상 동안 혈압, 심장 박동, 호흡률과 같은 자율신경계를 통제하는 변연계와 뇌간에서 혈액 흐름이 증가하여 이곳도 적극적인 활동을 보였다.

만트라 수행을 그치고 이들의 면전에 설치되어 있는 스크린 상의 한 점을 3분 동안 응시하라고 지시했다. 이때 수행자들의 뇌 활동이 극적으로 바뀌었다. 명상 동안 안정 상태를 보이던 대부분의 뇌 영역들이 극적인 활동성을 보였다.

　라자와 벤슨은 이 실험의 결과를 두고 브레이크 아웃이 일어나기 전 스트레스 해소와 같은 이완이 일어나는 동안에는 전반적으로 뇌는 안정되지만 주의 집중을 담당하는 뇌는 흥분하는 "안정 흥분의 역설paradox of calm commotion"이라는 현상이 나타나는 것이 특징이라고 했다.

　언뜻 보기에는 이러한 "안정과 흥분"이라는 동시적 사건이 역설적인 것으로 보일지 모르지만 이것은 불교 명상에서 흔히 언급하는 마음이 "별처럼 또렷하면서 고요하게 머문다."라는 "성성적적惺惺寂寂"의 경지를 가리키는 것이다. 이런 성성적적에 머물러 있으면 마음은 또렷하게 맑으면서 스트레스 때문에 오는 고혈압, 불면증, 우울증, 만성통증과 같은 신체의 질병은 고요하게 사라져 버린다.

　fMRI 연구는 이러한 만트라 명상이 각종 질병을 퇴치하여 건강에 도움이 될 뿐 아니라 생산적이고 창의적인 심리적 역동성이 브레이크 아웃의 결정적 도래와 함께 나타난다는 사실을 신경과학적으로 보여주었다.

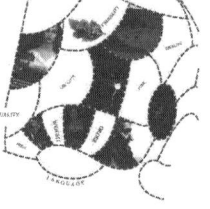

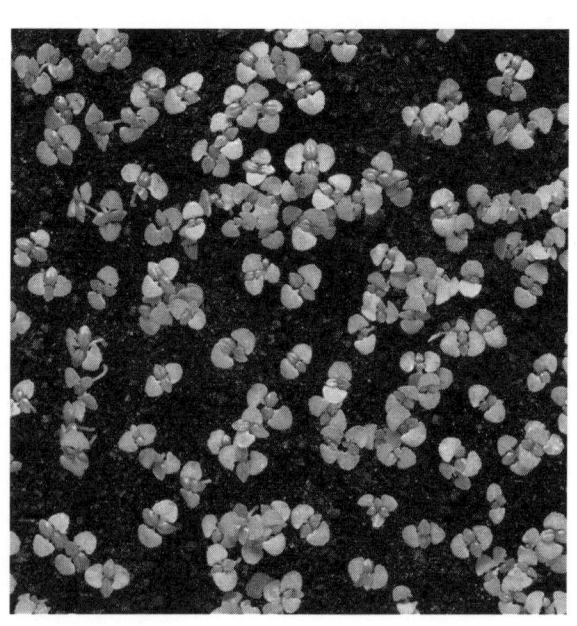

7장
명상과 심신 치유 : 신경과학적 근거

● 제7장은 앞서 여러 장에서 언급한 내용들을 요약하여 명상의 심신치유적 의미를 신경과학적으로 정리한 것이기 때문에 앞장들에서 이미 언급한 내용이 반복되는 경우가 적지 않다. 따라서 7장은 이 책 전체의 내용을 요약하여 정리한 것으로 보는 것이 좋다. 독자들의 이해를 구한다.

1.
삶의 고통과 명상 :
서양의학의 명상에 대한 관심

불교에서는 사람이 살아가는 것을 고통人生苦海이라 전제하고, 이런 고통스런 삶을 여의고 즐거움이 충만한 세계로 가고자 하는 것을 離苦得樂 최고의 이상이라 생각한다. 왕자로 태어나 왕권을 보장받은 태자 싯달타가 인생고를 느끼고 이 고통을 벗어날 수 있는 길을 찾아 설산으로 향했고 여러 해의 수행 끝에 깨달음을 얻고 난 후, 중생의 고통을 구원하러 나선 것은 바로 최고의 이상을 몸소 실현한 예이다. 불교의 역대 조사와 선지식들은 모두 이고득락과 중생제도를 위해 몸을 바친 자비 실천의 예이다.

그러면 어떻게 고통스런 삶으로부터 벗어나 이상세계에 이르고 중생제도를 할 수 있을까? 불교에서는 이 과정을 사성제四聖諦로 설명한다. 즉, 현실의 삶이 고통스럽다는 것을 알고苦聖諦, 이런 고통의 원인이 애욕과 업에서 나온 것임을 살펴集聖諦, 고통 없는 열반 세계nirvana를 깨달음의 목표로 삼아滅聖諦, 마음을 수행해 나가道聖諦 깨달음을 얻고 중생제도에 나서는 것이다. 다시 말해 고통스런 마음 상태를 잘 살펴 고통의 원인을 이해하고, 고통 없는 세계로 가기 위해 인과의 사슬을 끊는 마음공부를 강조한다.

여기서 말하는 마음공부修道란 현존적 고통으로부터 해방되어 아무런 왜곡 없는 순수한 본래의 마음상태眞如로 나아가는 수행을 말함이다. 이런 마음 수행을 일반적으로 명상瞑想; Meditation수행 또는 도道 공부라 부른다. 도정신치료를 제창한 이동식 선생은 동양에서 비롯한 명상, 도道와 서양의 프로이드나 융이 제창한 정신분석 또는 정신치료는 근본에서 모두 자신의 핵심 감정을 바로 알아차린 후 이를 점차 제거해 나가 종국에 참나, 진여, 부처에 이르는 것을 목표로 하는 정신치료라고 주장하였다.

동양에서는 2500년 전부터 불교를 비롯하여, 노자, 장자 등에서 명상 또는 도道와 같은 마음공부를 삶의 고통을 극복하기 위한 방법으로 중시해 왔다. 한편 서양에서는 20세기 초부터 정신분석학에서 명상에 관심을 보이기 시작했지만 본격적인 관심을 보이기 시작한 것은 1970년대 이후 스트레스에 효율적으로 대처하기 위한 방법으로 명상이 주목받으면서부터이다. 특히 1975년 하버드 의대 내과 교수로 있던 벤슨 박사가 "이완반응Relaxation Response"이라는 힌두의 초월명상Transcendental Meditation; TM에 기인한 간단한 명상법을 서양의학에 소개한 이래 이완반응 명상이 스트레스에 의한 온갖 유해한 피해를 예방하고 치유할 수 있다는 기대감을 갖게 되었다. 이완반응 명상은 생리학적으로 부교감신경계의 활동을 높이고 교감신경계의 기능을 억제하여 스트레스에 의한 유해한 반응을 평화와 이완반응으로 바뀌게 하는 데 탁월한 효과가 있다는 것이 과학적으로 입증된 것이다.

현대 의학에서 명상의 심리 생리학적 의미를 과학적으로 연구하고 이를 임상에 적용하기 시작한 계기는 벤슨이 쓴 『이완반응The Relaxation Response』이란 책이 1975년 출간된 이후이다. 미국의 경우 명상에 관한 과학적 연구가 활발하게 이루어진 배경에는 미국 연방정부 산하의 국립보건원National Institute of Health; NIH에 속하는 대체의학 연구소Office of Alternative Medicine; OAM에서 명상의 의학적 연구를 위해 공식적으로 연구비를 지원했기 때문이다.

OAM에서 연구비를 제공하는 경우에는 연구 주제의 선정과 방법론 적용이 엄격한 과학적 기준에 맞아야만 한다. 따라서 명상에 관한 기초 과학적 연구와 의학적 응용에 국가 기관이 연구비를 지원하여 연구를 권장하고, 나아가 명상 연구의 결과물을 중요 의학 학술 잡지에 발표하도록 한 것은 명상을 임상 또는 과학적 연구에서 수용했다는 증거라 할 수 있다. 지금까지 명상이 심신 건강의 유지와 질병 예방에 유효하다고 하는 연구 업적만도 수백 편에 이른다. 이런 논문은 거의 NIH 연구비나 기타 권위 있는 연구 재단의 연구비를 받아 연구한 논문들로서 표준적인 연구 요건을 갖춘 신뢰할 만한 연구들이다.

  미국의 저명 의과대학 부속병원의 임상 교수들로서 명상을 환자의 질병 치료와 예방에 활용할 수 있는 단행본을 출판한 경우도 여럿 있다. 앞서 본 하버드 의대 벤슨의 여러 저서들(1975, 1985, 2003), 캘리포니아 대학교 샌프란시스코 의대의 오니시 박사의 저서들(1990, 1997), 메사추세츠 대학 의료원의 카밧진의 저서(1990, 1994), 그리고 미국 치매 예방 재단의 칼샤(1997, 2001)의 저서 등은 명상을 의료 장면에 적용할 수 있도록 단행본을 편찬한 대표적인 인물들이다.

  1990년대 이후 심리치료 분야에서 불교의 위빠사나 명상에 기원한 마음챙김 명상의 임상적 적용에 대해 많은 관심을 보여주고 있다. 이미 오래전부터 융이나 프롬과 같은 서양 심리치료자들은 불교의 선禪 수행 또는 사마타와 같은 집중명상에 대해 심리치료적인 관점에서 관심을 보여 왔지만, 위빠사나에 대한 관심은 극히 최근의 일이다.

위빠사나의 마음챙김 수련을 현대적으로 체계화하여 누구나 쉽게 수련할 수 있는 훈련 체계 프로그램을 처음 만든 사람은 메사추세츠 대학교 의료원의 행동의학자 카밧진 박사이다. 그는 원래 MIT의 분자생물학 박사 출신이지만 『격변으로 가득 찬 삶Full Catastrophe Living』이란 책을 1990년에 저술하고 이 책에서 현대인의 고苦, 즉 스트레스를 감소시켜 건강한 삶을 영위하고 삶의 질을 높이기 위해 "마음챙김에 근거한 스트레스 감소mindfulness based stress reduction ; MBSR" 프로그램의 원형을 소개하였다. 카밧진은 숭산 스님과 틱낫한 스님 등으로부터 불교를 배운 바 있다고 그의 저서에서 밝히고 있다.

　　카밧진은 이 책을 저술하기 10여 년 전부터 삶의 고통 즉, 삶의 스트레스에 기인하는 만성통증, 불안, 우울, 수면 장애 등을 보이는 환자들에게 마음챙김 명상을 적용하고 그 효과를 임상 논문을 통해 보고하기 시작했다. MBSR 프로그램은 8주 동안의 마음챙김 훈련을 통해 심신心身의 건강을 증진시키는 것을 목적으로 한다. 이 프로그램은 누워서 할 수 있는 보디 스캔body scan, 앉아서 할 수 있는 정좌명상sitting meditation, 신체 동작을 알아차림하는 하타요가hatha yoga를 주된 공식 명상으로 하고, 먹기명상eating meditation, 걷기명상walking meditation, 호흡명상breathing meditation 그리고 자애명상loving kindness meditation 등을 비공식 명상으로 한다. (마음챙김 명상에 관한 보다 자세한 내용은 부록에 실렸다.) MBSR은 스트레스를 완화시키고 심리적 안녕감을 증진시킬 뿐만 아니라 만성통증, 불안과 우울과 같은 심리적 장애의 치료에도 효과적임이 증명되었다.

한편 영국의 티스테일Teasdale 등은 마음챙김 명상을 우울증 치료에 적용하기 시작하였고, 세갈Segal 등은 우울증 치료와 우울증 재발 치료에 마음챙김 명상과 인지치료를 결합한 마음챙김에 기반을 둔 인지치료Mindfulness-Based Cognitive Therapy; MBCT라는 새로운 마음챙김 프로그램을 개발하였다.

그 밖에 경계선 성격장애 치료를 위해 변증법적 행동치료Dialetical Behavior Therapy; DBT를 제안한 리네한Linehan과 새로운 방식의 인지행동 치료법인 수용-전념 치료Acceptance and Commitment Therapy; ACT라는 방법을 제안한 헤이스Hayes 등도 마음챙김 명상에 바탕을 두고 특정 환자의 심리치료에 적용하였다. 최근에는 비만 치료, 관절염 치료, 부부 치료, 아동 치료, 노인 치료, 암 치료, 건선 치료 등에도 마음챙김 명상 치료법이 응용되고 있다.

이처럼 최근에 들어와 서양의 심리치료자나 심신의학자들은 불교 수행의 두 가지 큰 줄기인 사마타와 위빠사나에 기초한 불교 명상에 큰 관심을 쏟고 있다. 그 이유는 무엇일까? 서양의 심리치료 이론은 심리적 부적응이나 심리적 장애를 지닌 사람들이 현실을 왜곡하는 인식을 지니고 있으므로 이들의 잘못된 인식을 사실적인 인식으로 대체해 줌으로써 치료될 수 있다는 철학적 가정에 근거하고 있다.

따라서 서양의 심리치료자는 내담자의 잘못된 사고나 행동에 어떤 조작과 통제를 가하여 그들의 사고를 좀 더 사실적인 사고와 적응적인 행동으로 대체하려는 치료적 태도와 전략을 사용한다. 예컨대 정신분석 치료에서는 미성숙한 심리 과정(원초아 또는 무의식 내용)을 성숙한 심리 과정(자아 또는 의식)으로 대체하고자 하고, 행동 치료에서는 학습을 통해 부적응적 행동을 적응적 행동으로 대체하려고 하며, 인지 행동 치료에서는 비합리적으로 왜곡된 인지를 합리적인 인지 과정으로 바꾸려고 노력한다.

그러나 이러한 서양 심리치료자들의 생각과 태도는 다음과 같은 문제에 직면하게 된다. 첫째, 사람들마다 사물을 보고 현실을 판단하는 입장이 서로 다를 수 있기 때문에 어떤 것이 부적응적이고 어떤 것이 적응적인가 하는 것을 명확하게 구분할 수 없다는 점이다. 둘째, 생명체는 끊임없이 변화하며, 인식의 주체인 나 자신의 생각과 관점도 끊임없이 바뀐다.

따라서 수시로 달라지는 현상과 가치 기준에 따라 본다면 어떤 것이 과연 부적응적인 것이고, 어떤 것이 적응적인 것이라는 확신을 갖는 것은 불가능한 일이다. 그러므로 서양의 심리치료자들은 부적응적으로 보이는 행동이나 생각을 어떤 처치나 조작에 의해 적응적인 것으로 변화시키면 금방 한계에 부딪히고 만다는 것을 실감하게 되었다. 또한 서양의 심리치료 이론은 인과론적인 세계관에 근거하고 있기 때문에 현재의 문제는 반드시 과거에 그 원인이 있는 것으

삶의 고통과 명상: 서양의학의 명상에 대한 관심

로 생각한다. 이런 사고방식에서는 한 개인이 "지금 이곳Here & Now"에서 하는 생생한 현재의 경험을 경시하기 쉽다.

또한 현재 이곳의 경험을 다루는 경우에 있어서도 언제나 과거와 연계시켜 다루려 한다. 비록 내담자가 자신의 문제를 과거 경험과 연결지어 그럴듯한 인과적 이해를 할 수 있고 또한 미래의 문제 상황에 어떻게 대처해야 할지도 잘 알고 있다손 치더라도, 막상 문제 상황에 직면하게 되면 과거의 부적응적 방식을 되풀이하거나 새로운 대처 방식을 적용시켜 나가는 데 어려움을 겪게 된다. 왜냐하면 지금 이 순간의 체험을 알아차리고 그것에 대응해 가는 훈련이 되어 있지 않기 때문이다.

그러므로 서양의 심리치료자들은 현재 이곳에서 일어나고 있는 체험을 소중히 여기는 마음챙김 명상수행을 통해 이러한 난제를 극복할 수 있다는 가능성을 발견하게 되었다. 이런 이유로 심리치료 분야에서 마음챙김을 적용하여 이러한 딜레마를 타파해 보려는 시도로서 마음챙김 수련에 많은 관심을 기울이고 있는 것이다.

2.
명상의 신경과학적 측면

이 장에서는 "명상수행을 하는 동안 뇌는 어떤 활동을 하는가?"를 신경과학적 측면에서 살펴보아 명상수행의 뇌 과학적 근거를 먼저 알아보고, 다음으로 스트레스 관련 질병의 예방과 치료를 위한 명상의 의료적 적용을 살펴볼 것이다. 이어 마음챙김 명상의 심신의학적 적용에 관한 임상 연구를 중심으로 살펴보고, 끝으로 명상이 어떤 치유기제를 통해 심신의 고통을 치유할 수 있는가를 두루 살펴볼 것이다.

명상의 신경과학적 측면

　20여 년 전까지만 하더라도 어떤 사람이 어려운 문제를 푸는 것을 보면서 저 사람의 뇌 속에 어떤 일이 일어나고 있는가에 대해 막연하게 상상할 수밖에 없었다. 왜냐하면 당시의 신경과학자들은 인간의 뇌는 고도로 복잡한 시냅스 구조물과 수지상돌기, 그리고 축색돌기 등으로 얽혀 있어서 이 구조물들을 통해 어떤 메시지가 이쪽 저쪽으로 이동해 다니다가 궁극적으로 어떤 의미 있는 생각이나 통찰이 일어날 것으로 추측할 수밖에 없었기 때문이다.

　그러나 지금은 그 당시 상상도 할 수 없었던 새 기술이 개발되어 창의적인 생각이 머리에 떠오르기 시작하면 이때 나타나는 뇌 속의 사건들을 낱낱이 알아볼 수 있는 방법들이 개발되었다. 창의적 생각뿐만 아니라 뇌의 각성이나 이완 상태가 일어나는 동안 뇌 속에서 일어나는 일련의 사건들도 알아볼 수 있는 뇌 영상 기록 기법이 발달된 것이다.

　이제부터는 명상 중에 일어나는 두뇌의 활동을 뇌파 기록(EEG)을 통해 알아본 초기 연구들과 기능적 자기공명영상장치(fMRI)를 통해 알아본 연구와, 일산화질소(NO)의 분출을 통해 알아본 최근의 뇌과학적 연구들까지 차례로 살펴볼 것이다.

A_ 뇌파 연구

뇌는 전기적 활동에 의해 작동된다. 매 순간순간 뇌 속에 있는 신경원들은 전기적 임펄스를 보인다. 이러한 개별적 임펄스는 규칙적인 형태로 조직되는데 이를 뇌파(EEG)라 부른다. 뇌파도 다른 물리적 파형과 같이 빈도나 강도가 다양하다. 일반적으로 알파(α), 베타(β), 세타(θ), 델타(δ)와 같은 네 종류의 뇌파 유형이 있다. 특수한 심리상태에서 나타나는 감마(γ)파까지 합쳐 다섯 종류를 주로 언급한다.

첫번째, 베타파Beta wave; β파는 초당 12~30 정도의 빠른 빈도수를 갖는 뇌파로서, 대체로 눈을 뜨고 생각하고 활동하는 동안 나타나는 뇌파이다. 정상적 인지 기능이나 불안과 흥분 또는 긴장과 관련 있는 각성 상태를 지칭하는 뇌파이다.

두 번째, 알파파Alpha wave; α파는 초당 8~12 정도의 느리면서 규칙적인 주파수를 갖는데, 이완 상태 때 나타나는 뇌파이다. 알파파 출현은 쾌적한 기분 상태와 평화로운 마음 상태와 관련이 있는 이완파다.

세 번째, 세타파Theta wave; θ파는 베타파보다 두 배에서 네 배 정도 더 느리고 알파파보다도 좀 더 느린 초당 5 내지 8 정도의 주파수를 보이는 뇌파이다. 세타파는 이완과 수면 사이에 있는 상태를 반영한다. 흔히 세타파를 경험할 때 사람들은 선의식subconscious 상태에서 정보에 접근하며, 이때는 깊은 개인적 통찰을 경험하기도 하고, 창의적인 생각이나 문제 해결력이 솟아오르기도 한다. 세타파는 유쾌하고 이완된 기분과 극단적인 각성과도 관련 있는 뇌파로서 명상 상태의 전형적 뇌파로 보지만 논란 또한 많은 뇌파이다.

네 번째 델타파Delta wave; δ파는 초당 1~4 정도의 주파수를 보이는 매우 느린 뇌파로서 불규칙적인 뇌파이다. 수면 상태에 진입했을 때 보여주는 뇌파이다.

다섯 번째로 감마파 Gamma wave : γ파가 있다. 이 뇌파는 깊은 주의 집중이 이루어질 때 또는 자비심을 가질 때 특징적으로 잘 나타난다. 이 뇌파는 빈도수가 베타파의 두 배 즉, 초당 40 정도의 빠른 파장의 주파수를 보여주는 특징이 있다.

위에서 본 것처럼 가장 이완이 잘된 상태에서 각성을 보여주는 뇌파가 세타파이며 이것은 명상 중에 나타나는 특징적인 뇌파이다. 그렇다고 해서 세타파는 명상하는 동안에만 나타나는 특정적 뇌파만은 아니다. 명상을 오랫동안 수행한 사람들은 비록 명상을 하지 않는 때에도 세타파를 보여줄 수 있다. 대체적으로 명상을 오래 수련하면 할수록 임의로 세타파를 파생시킬 수 있다. 많은 명상가들은 외부로 빼앗긴 마음을 자기 자신의 마음 내부로 향해 초점을 옮기기만 해도 세타파를 보일 수 있다고 한다.

일반인들도 통찰이 일어난다거나 창의적 생각이 일어나는 순간 세타파를 경험할 수 있다. 실험에 의하면 사람들이 어떤 어려운 문제로 시달리고 있다가 이완하는(쉬는) 중에 갑자기 해결책이 발견될 때 세타파가 나타난다고 한다. 이런 현상은 골치 아프게 끌어 오던 난제가 풀려 이완을 온몸으로 느끼는 현상이다. 이러한 세타파 발생 현상을 난제 해결, 난관 돌파, 또는 통찰이나 직관이 일어날 때 파생하는 현상과 연관짓는다.

우리가 어떤 문제로 인해 허덕이고 있을 때 우리의 뇌파는 베타파를 보여준다. 이러한 베타파가 나타날 때는 정서적으로 긴장하거나 우울하거나 불안감을 느낄 때이다. 한 뇌파 연구에 의하면 연구자가 피험자에게 창의성을 요구하는 복잡한 문제를 제시했더니 피험자가 온갖 노력 끝에 적절한 해결법을 찾는 순간 뇌파는 베타파에서 세타파로 바뀌었다고 한다. 또 다른 연구에 의하면 어떤 연구자는 피험자의 학습 능력을 증진시키기 위해 피험자의 뇌 속에 세타파 발생을 촉진시키는 방법을 개발했고, 또 다른 연구자는 세타파를 야기할 수 있는 교수법도 개발했다고 한다. 이러한 방법으로 세타파 발생을 촉진시켰더니 하루에 새로운 외국어 단어를 500개나 학습할 수 있었고 이렇게 학습한 단어를 6개월 후까지 평균 88퍼센트나 기억할 수 있었다는 연구도 있다고 칼샤는 언급하고 있다.

  이렇게 세타파 발생이 학습 능력이나 기억 능력을 증가시키는 이유는 세타파가 장기증강long-term potentiation; LTP이라는 기억 응고 과정의 신경 활동을 강화시켰기 때문이라 한다. LTP란 어떤 특정한 정보를 한 번 보거나 생각한 후 다음에 그 정보가 다시 나타나면 그 정보를 생물학적으로 기억하기 쉽도록 만드는 중추 활동을 말한다. 매번 정보에 노출될 때마다 기억이 산술적으로 덧붙여지는 것이 아니라 대수적exponentially으로 덧붙여진다는 것인데, 말하자면 같은 정보를 다섯 번 보았다면 그 정보를 다섯 배로 잘 기억하는 것이 아니라 스무 배로 더 잘 기억할 수 있다는 것이다. 이것은 기억 통로가 저항 없이 트였기 때문인데 세타파의 발생은 이런 기억 통로의 활성화와 관련 있는 것 같다.

　　명상은 세타파를 발생시켜 인지 기능을 증가시켜 주는 것 외에도 신체의 실행 능력도 탁월하게 잘할 수 있도록 해준다. 스포츠 경기에서 대기록을 수립한 사람들은 운동경기 도중 무아감 또는 도취감에 빠지는 명상적 상태에 이른다고 한다. 이런 무아감 상태를 과학자들은 "변경된 의식의 경지 The zone of altered consciousness" 또는 단순히 "경지 zone"에 이르렀다고 언급한다. 조깅과 같은 운동 도중 세타파 발생 상태에 이르면 고통, 피로감, 실패에 따른 공포감 등은 사라지고 최고 상태의 쾌감이 수반되는데 이를 주자의 기쁨 runner's high이라 한다. 이런 최상의 상태는 "이상적 흐름 optimal flow", "몰아", "무아", "도"라고 부르는 경지를 지칭하는 것이다.

　　지금까지 살펴본 것처럼 명상 상태에서는 강력한 정신적 신체적 힘을 얻게 된다. 이 힘은 스트레스를 무력화시키며 정신적 신체적 기능을 잘 수행할 수 있도록 해준다. 그러므로 명상은 심신의 기능을 크게 향상시켜 삶에 대한 적응과 건강에 유익하게 적용할 수 있는 심리치료가 될 수 있다.

B _ 뇌 영상을 통해 본 명상의 상태

최근 기능적 자기공명영상기록(fMRI) 장치가 개발되어 명상이나 이완 또는 일반적인 휴식 상태에서 일어나는 두뇌 활동의 신비를 밝힐 수 있게 되었다. 즉 fMRI 장치는 특정한 순간 혈액이 뇌의 여러 부위로 흘러가는 모습을 정확하게 보여주어 순간순간 어느 부위의 뇌가 활동하고 있는가를 알아볼 수 있도록 해준다. 명상 중의 뇌의 활동을 fMRI를 통해 연구한 팀은 하버드의 벤슨 팀과 위스콘신의 데이비슨 팀이 대표적이다.

최근 하버드 의대 벤슨 박사 팀은 이완반응이란 고전적 개념을 더욱 넓혀 본격적 명상 단계에 이르면 "이완 흥분calm commotion"이라는 서로 모순적인 상태가 동시에 뇌 속에서 일어난다는 사실을 fMRI 연구를 통해 발견했다. 이른바 이완 흥분이라는 이 파라독스 현상은 서로 상반되는 두 가지 심리적 사건이 동시에 뇌 속에서 나타나는 것을 지칭한 것이다. 벤슨 박사 팀의 공동 연구자로 하버드 의대 심리학 강사이면서 메사추세츠 제너럴 병원의 스태프로 있는 라자 박사는 시크교도들이 명상을 하고 있는 동안 보여주는 뇌 활동을 측정하여 2000년 5월호의 〈뉴로 리포트〉지에 다음과 같은 내용을 발표했다.

실험은 3단계로 나누어 진행되었는데, 첫 단계는 실제 명상 실험에 들어가기 전 예비 연구로서 피험자들에게 실제와 유사한 실험 상황을 꾸며 놓고 명상을 하도록 했다. 그러나 이 예비 상황은 평소 명상을 해오던 조용한 상태와는 다르다. 이때는 fMRI 기계가 작동하면서 발생하는 기계 소리와 피험자 주변을 서성거리며 움직이는 실험자들의 발소리와 그 밖에 실험실에서 들려오는 자연스러운 소음

명상의 신경과학적 측면

등을 차단하지 않고 자연스럽게 둔 상황에서 명상하도록 하여 미리 실험실 상황에 적응되도록 한 것이다.

둘째 단계는 실제 실험 단계이다. 명상 동안의 뇌 활동을 과학적으로 측정하기 위해 미리 설정해 둔 실험 절차에 따라 명상을 하도록 한다. 즉, 첫 번째 절차는 6분간의 통제 기간이다. 이때 피험자에게 명상과 관계없는 고양이, 개, 또는 새와 같은 동물 이름을 가능한 한 많이 기억해 내도록 한다. 두 번째 단계에서 본격적인 명상에 들어간다. 이 단계에서는 조용히 숨을 들이쉴 때마다 "세트남"이란 만트라를 읊조리도록 한다. 이 만트라는 시크교도들이 평소 명상을 할 때 즐겨 사용해 온 종교적 의미를 담은 구(句)이다. 숨을 내쉴 때는 "와헤 구루"라는 만트라를 읊조리도록 한다. 이런 식으로 수행을 계속하면 자신들이 갖고 있는 종교적 믿음과 명상수행이 결부되어 생리적 심리적으로 유익한 일이 일어난다. 마치 불교도들이 "나무아미타불", "관세음보살"이라는 불보살의 명호를 읊조리는 것에 비유하면 이해에 도움이 될 것이다.

이러한 진언 수행 즉, 만트라 수행은 명상적 이완반응과 종교적 신념 체계가 서로 결합되어 부가적인 유익함이 발생한다. 본격적인 명상 단계에 진입하여 몇 분이 지나면 몇 가지 변화가 일어난다. 처음에는 호흡이 느려지고 조용해지다가 곧이어 뇌와 신체에 변화가 일어난다. 즉, 이 명상 시기 동안에는 전반적인 뇌 부위의 활동은 낮은 이완 상태가 된다. fMRI 상에 나타난 이 결과로는 이러한 이완반응을 일으키는 원인이 어디에서 기인된 것인지 확인할 수 없다. 이러한 조용한 마음 작용이 뇌 속의 어떤 특정 뇌 부위가 자극되어 파생된 것일 수도 있고, 뇌 바깥의 어떤 독립된 "마음차원"에서부터 기인된 것일 수도 있다. 한편 뇌가 전반적으로 평온해짐과 동시에 주의의 초점을 잡도록 하는, 다시 말해 마음의 집중을 일으키도록 하는 특정 뇌 부위 즉, 배외측 전두엽 부위와 공감이나 긍정적 감정을 주재하는 전방대상회전 부위의 기능은 활성화된다. 또한 명상을 하는 동안에는 혈압, 심장 박동 등의 자율신경 활동을 조절하는 뇌 부위인 변연계와 뇌간 부위의 혈액 흐름 또한 유의미하게 증가된다.

세 번째 단계로 명상이 끝날 무렵 fMRI 상에 두드러진 현상이 일어난다. 즉, 피험자들이 이제 명상을 그만두고 눈앞에 설치된 스크린 위에 있는 한 점을 3분 동안 응시하도록 요구 받았는데 이때는 명상 동안 조용한 뇌 활동을 보여주었던 모습이 갑자기 활동하는 모습으로 바뀌게 된다.

지금까지의 상황을 요약하면 명상 동안에는 전반적인 뇌 활동이 줄어들지만, 주의 집중과 긍정적 감정과 관련 있는 뇌 부위와 자율신경계 활동을 조절하는 뇌 부위인 변연계의 활동성은 오히려 높아진다. 다시 말해 전반적으로 뇌 활동은 안정 이완 상태를 보여주지만 주의 집중과 자율신경계 조정 중추는 활성 흥분 상태를 보여준다. 명상 상태로부터 정상 상태로 되돌아오면 앞서 명상 상태의 안정된 뇌 활동이 역동적인 모습의 뇌 활동으로 바뀌게 된다.

명상의 신경과학적 측면

언뜻 보기에는 이러한 이완 흥분이란 현상은 서로 모순되는 것처럼 보일지 모른다. 그러나 뇌 활동의 안정과 흥분이란 이 두 다른 차원은 개인의 정서적 건강과 안녕을 유지하는 데 중요한 요건이 된다. 특히 명상을 통해 이런 이완과 흥분의 경지를 경험해 본 사람은 고혈압, 불면증, 우울증, 월경 전 통증 증후, 암, 또는 AIDS 증후 같은 스트레스 관련 징후들이 경감된다는 임상 보고가 계속되고 있다. 이러한 명상 동안의 뇌 과학적 변화 증거와 임상적 증거를 동시에 고려하면 명상은 새로운 차원의 심신 치료 기법으로 각광받을 수 있다. 최근에는 명상 동안 배측 외측 전두엽과 전측 대상회전 외에도 많은 구조들에서 활성이 일어난다는 보고도 있다. 이 문제는 데이비슨이 명상을 오랫동안 한 승려들을 대상으로 한 연구에서 잘 보여주었다.

벤슨 박사는 2003년 그의 저서 『브레이크 아웃의 원리』에서 건강하고 생산적인 역동성은 명상 도중에 통찰과 같은 브레이크 아웃이 일어날 때 잘 나타난다고 주장했다. 이러한 통찰이 일어나는 단계란, 과거부터 지속되어 오던 정신적 또는 정서적 타성의 벽이 일시에 깨뜨려지는 순간이다. 이러한 타성의 벽을 깨뜨리는 데는 일산화질소라는 기체성 물질이 매개한다고 주장한다. 즉, 벤슨은 통찰이 발생되면 뇌 활동에는 다음과 같은 사태가 일어난다고 한다. 뇌의 전반적 활동성은 낮아지지만 혈압, 심장 박동, 호흡의 조정과 관련 있는 뇌 부위의 활동성과 주의 집중, 공간-시간 개념이나 긍정적 감정, 공감 능력, 의사 결정의 조정과 관련 있는 뇌 부위의 활동성은 증가한다는 것이다.

　이처럼 명상하는 동안 평소 머리를 아프게 해오던 난제가 풀리는 통찰적 상황이 발생하면 대부분의 뇌 부위의 활동은 줄어들지만 주의나 각성 담당 뇌 부위, 그리고 이완과 쾌감과 같은 부교감신경계의 작용을 담당하는 뇌 부위의 활동성은 증가하는 "이완 흥분"의 상황이 일어난다. 이러한 현상은 마음은 별처럼 또렷하면서도 몸은 고요하기 이를 데 없다는 이른바 "성성적적惺惺寂寂"이란 선禪의 경지를 뇌 과학적으로 입증해 주는 것으로 해석할 수 있을 것 같다.

　2003년 2월 4일자 〈뉴욕타임즈〉지에는 대니얼 골만의 "당신의 좌측 뇌를 학습하도록 부추겨라"라는 글이 실렸다. 대니얼 골만은 최근 망명 티베트 정부의 지도자인 달라이 라마와 몇 사람의 저명한 미국 심리학자와 신경과학자들이 협동으로 연구했던 실험 결과를 지면을 통해 세상에 알렸다.

　달라이 라마와 만난 과학자들은 부정적이고 해로운 정서를 어떻게 하면 잘 통제할 수 있는가를 토론하기 위해 달라이 라마가 살고 있는 다람살라로 찾아왔던 사람들이다. 이들 중에는 위스콘신 대학교의 감성신경과학 연구소 소장인 심리학자 리처드 데이비슨 박사가 포함되어 있다. 데이비슨 박사는 최신형 fMRI와 EEG를 사용하여 "감정에 관한 뇌 속의 결정점"을 확인하였는데, 사람들이 불안, 분노, 우울과 같은 불쾌한 감정을 느낄 때 주로 활성을 보이는 뇌 부

명상의 신경과학적 측면

위는 변연계의 편도체와 우측 전전두피질이란 것이다. 이와는 반대로 감정이 낙관적이고 열정에 차 있으며 기력이 넘치는 긍정적 감정 상태일 때는 평소 조용하던 좌측 전전두피질이 갑자기 활기를 띠게 된다는 것이다. 데이비슨 박사는 좌우 전전두피질 간의 활동성 비율을 알아봄에 따라 한 개인의 전형적 기분 정도를 쉽게 알아볼 수 있고, 좌우 전전두피질의 활동 비율을 상대적으로 비교해 보면 매일매일의 기분 상태를 알아볼 수 있다는 것이다. 다시 말해, 이 비율이 오른쪽 전전두피질의 활동성 쪽으로 기울어질수록 불행과 고민이 많고, 왼쪽 전전두피질의 활동성 쪽으로 기울어지면 행복해지고 열정에 찬다고 하였다.

데이비슨 박사는 오랫동안 수백 명의 fMRI 자료를 모아 종鍾의 모습을 닮은 곡선분포도를 작성했는데 대부분의 사람들은 좋은 기분과 나쁜 기분이 적절하게 섞여 있다. 그러나 극단적으로 심하게 오른쪽으로 기울어져 있는 사람은 비교적 소수이지만 이들은 임상적으로 우울증이나 불안 장애를 보이는 사람이 많으며, 반대로 왼쪽으로 심하게 기울어져 있는 사람들은 골치 아픈 기분은 거의 없고 설사 그런 일이 있다 하더라도 쉽사리 회복되는 낙천적이고 긍정적인 사람들이라는 것이다.

데이비슨은 달라이 라마가 추천하여 그동안 fMRI를 통해 검사한 175명의 티베트 스님 모두가 극단적으로 좌반구 쪽으로 활성이 기울어져 있었다고 보고했다. 이 보고를 받은 달라이 라마는 "만약 그러한 뇌반구 활성화의 차이가 불교의 명상수행을 통해 얻어진 것이라면 일반인을 대상으로 명상수행을 통해 좌측 전전두엽 우세성을 확인할 수 없겠는가?"라고 문제를 제기했다.

데이비슨 박사는 MBSR 프로그램을 만든 카밧진 박사와 협동하여 이 의문을 해결하려 하였다. 마음챙김 명상은 원래 불교 수행 가운데 사념처四念處 수행에서 나온 것으로 지금은 미국뿐만 아니라 다른 많은 나라의 병원과 임상 장면에서 환자의 심신 치료를 위해 널리 가르치고 있는 행동의학 프로그램이다. (한국에서도 필자가 2005년부터 한국형 MBSR을 만들어 가톨릭의대 강남 성모병원 라이프스타일 센터 등지에서 환자를 대상으로 실시한 적이 있다.)

데이비슨과 카밧진은 마음챙김 명상법을 스트레스가 심한 한 생명공학 회사에서 일하는 직원들에게 일주일에 3시간씩 8주 동안 MBSR을 실시하였다. 비교 집단은 같은 회사에서 같은 일을 하는 직원이었지만 실험 집단에 비해 똑같은 수행을 두 달 늦게 한 대기자 집단으로 삼았다. 두 집단 모두 수행 전과 수행 후 두 차례에 걸쳐 몇 가지 심리 생리 검사를 받았다.

이 피험자들은 MBSR을 받기 전에는 불교에 관해 전혀 알지도 못했고, 또 어떤 명상수행도 하지 않은 초심자들이었다. 결과는 다음과 같다. 즉, 마음챙김 명상을 수련 받기 전에는 이들 피험자의 감정 결정점 비율이 오른쪽 전전두엽 쪽으로 기울어져 있었고 동시에 심한 스트레스를 받는다고 불평했다. 그러나 수행이 끝나자 이들의 감정 결정점 비율은 긍정적인 영역인 왼쪽 전전두엽 쪽으로 옮겨갔고 동시에 이들의 기분은 개선되었고, 하는 일에 보다 열성적이었으며 불안 없이 일에 참여할 수도 있었다고 하였다.

    요약건대 감정 결정점이 적절한 수행 끝에 우측 전두엽에서 좌측 전두엽 쪽으로 지배성이 옮겨갈 수 있었다. 수행자들은 마음챙김 명상 상태에서 자신의 감정과 생각을 마음 챙겨 감정과 생각이 불쾌한 방향으로 움직이려 하는 것을 알아차리고 이에 끌려가지 않는 것을 학습하게 된 것이다. 데이비슨 박사는 이것은 불쾌한 감정을 반사적으로 일으키는 편도체로부터 올라오는 메시지를 좌측 전두피질에 있는 신경원 집단이 알아차려 조절할 수 있었기 때문에 부정적 감정에 휩쓸리지 않고 긍정적 감정이 지배하게 된 것이라고 추론했다.

    이 회사 직원들을 대상으로 한 또 다른 실험에서 또 하나의 유익한 발견이 있었다. 즉 마음챙김 명상을 한 사람에게 독감 바이러스 주사를 한 후 혈액 속의 독감 항체의 양을 측정한 결과 면역 체계 기능이 강화되었으며, 또 명상을 한 사람은 비록 독감에 걸리더라도 증상이 경미하다는 것이다. 감정의 결정점이 왼쪽 전두엽 쪽으로 많이 기울어지면 질수록 면역 측정치가 더 많이 상승했다.

    위의 사실에서 보듯이 마음챙김 명상에서는 지금 이 순간 전개되는 감각과 생각을 좀 더 밀착해서 바라보도록觀 훈련시킨다. 앞서 연구에 참여했던 175명의 스님들은 고도로 오랜 시간 동안 깨어 있는 마음을 수련한 승려들이다. 이 연구에 참여했던 스님들은 적어도 3년 이상 산중의 명상처에서 특히 자비명상 수련을 많이 한 분들이다. 그러나 이 연구에 참여한 회사 직원들은 단 8주간의 짧은 기간 동안 마음챙김 수련을 한 사람들인데, 놀랍게도 이런 단기간의 수련을 받은 후에 좌측 전두엽이 활성화되면서 긍정적 정서로 바뀌고 면역체가 상승되었다는 발견은 명상이 심리치료적 신체치료적 의미를 갖는다는 것을 시사해 준다.

캘리포니아 대학교 샌프란시스코 대학의 행동의학 교수인 마가렛 켐니Margaret Kemney 박사는 간호사와 초등학교 교사를 대상으로 MBSR의 효과를 연구한다고 한다. 켐니 박사는 "마음챙김 명상"의 수련이 면역체계 활동에 영향을 미친다는 데이비슨의 연구 결과와 정서적 사회적 기술의 능력 향상도 동시에 알아보기 위해 120명의 간호사와 초등학교 교사를 대상으로 통제된 실험을 실시하고 있다고 한다. 앞에서 본 것처럼 하버드 의대의 라자 박사도 1년 미만의 단기간의 마음챙김 명상 경험이 뇌 부위의 두께를 두껍게 만든다는 것을 fMRI 연구로 보여주고 있다.

C _ 명상과 일산화질소의 분출

힘겨운 일에 매달려 시달리고 있거나 고통받는 것을 보고 "이제 그만 잊어 버려라", "손을 떼라", "집착을 버려라", "마음을 비우라"는 등의 충고를 한다. 언뜻 보기에 이런 충고는 말뿐인 것처럼 보일지 모

명상의 신경과학적 측면

르지만 최근의 과학적 연구에 의하면 이렇게 애착을 버리고 한 발짝 물러서는 것이 문제 해결이나 난관 돌파를 위한 창의성의 발견에 큰 도움이 된다는 사실이 밝혀졌다.

애착을 버린다는 것은 지금까지 상투적으로 해오던 정신적 정서적 패턴을 완전히 놓아 버리든지 또는 벗어던져 버리는 것이다. 앞서 언급한 것처럼 이런 타성적 사고로부터 벗어나 새로운 세계로 나가는 것을 "브레이크 아웃"이라 부른다. 이처럼 문제 해결을 위한 발상 전환이 이루어지는 "난관 돌파", "깨달음", 또는 "돈오頓悟" 등은 기본적으로 유사한 뇌 변화의 과정으로 생각된다.

최근의 과학 잡지나 과학 서적을 보면 일산화질소(NO)에 관해 흥미 있는 이야기가 많이 언급된다. 명상 동안 일어나는 세타파의 출현은 창의성이나 직관 또는 통찰의 출현과 관련 있고, 이런 사건이 일어날 때는 NO 발생과 밀접하게 관련되어 있다는 것이다. 터프 Tuff 대학의 연구자들은 개똥벌레의 몸에서 발하는 형광 불빛과 NO가 관련 있다고 했고, 영국의 서식스Sussex 대학의 인공지능 연구자들은 NO에 의해 작동하는 컴퓨터를 개발하여 빠르고 효율적으로 생각해 낼 수 있는 신형 로봇을 개발하는 방법을 고안하고 있다고 보도했다. (《뉴욕타임즈》 2000년 7월 3일 보도)

그러나 NO에 의한 가장 중요한 작용과 기능은 인간의 뇌와 몸 속에서 이루어지는데, 벤슨 박사 팀의 스테파노 박사가 2001년 〈뇌 연구 개관Brain Research Review〉에 발표한 NO에 관한 논문 내용을 여기에 소개한다. NO란 기체성의 작은 분자로 되어 있는데 우리 몸 속에서 거의 제한받지 않고 활동할 수 있는 것이다. 예컨대 NO는 기체성 확산 조절자로 작동하는 활성산소기이며 메시지를 운반하는 가스로서, "휙휙" 바람처럼 온몸과 중추신경계를 흘러다닌다고 한다.

이러한 NO 분출은 건강에 놀라운 이점을 제공해 준다. 예컨대 여러 연구들에서 NO가 건강에 미치는 효과에 관해 보고하고 있다. 스테파노와 벤슨 박사는 다음과 같이 요약했다.

- NO는 신경조절전달자로 작용하여 뇌를 보다 효율적으로 작용할 수 있도록 신경전달물질의 기능을 돕는 역할을 한다.
- NO는 도파민과 엔도르핀과 같은 신경전달물질의 방출을 촉진하여 안정감을 증진시키고, 최상의 신체적 쾌감을 경험하도록 돕는다. 예를 들어 조깅 주자들이 경험하는 쾌감이라든지, 운동선수, 연주자, 연설가들이 최고 수준의 실행으로부터 느끼는 "절정감"과 같은 심리적 쾌감이 NO와 관련 있다.
- NO는 전 신체에 걸쳐 혈류 이동을 조정하며 뇌졸중 발생과 관련 있는 뇌 부위의 혈행을 개선하여 산소 부족을 치료하는 데 도움을 준다.
- NO는 여성호르몬 에스트로겐의 효과를 높인다. 특히 폐경 후의 우울증 치료에 효과적이다.
- NO는 혈관을 확장하며 심장의 혈액 흐름을 개선시킨다. 특

히 심장 우회 수술을 받은 환자의 회복에 중요하다.
- NO는 남성의 성적 무력증을 개선하고, 면역계통의 기능을 강화한다.
- NO는 이완반응이 일어나는 생화학적 기초를 제공하여 플라시보 효과를 극대화한다.

이처럼 NO는 스트레스 관련 질병의 진행 과정과 치유 과정에 관여한다. NO는 스트레스 때 분비되는 노어에피네프린 norepinephrine : NE의 활동과 교감신경계의 반응성을 낮춘다. 그러나 NO의 분출이 소량일 때는 우리 몸에 유익한 작용을 하지만, 지나치게 많이 분출될 때는 병적 기제로 작용하게 된다. 명상 동안의 이완반응은 낮은 수준의 NO 생성 분출과 관련이 있기 때문에 신체의 기능을 보호하고 개선시키는 작용을 하지만, 스트레스 반응이 일어날 때는 NO가 지나치게 많이 분출되므로 유해한 작용을 한다.

3. 스트레스 관련 질병의 예방과 치료를 위한 명상의 의료적 적용

A. 의료 명상이란 무엇인가?

미국 마취 및 통증 전문의이면서 명상수련가이고 침술 전문가이기도 한 인도 출신의 칼사Dharma Singh Khalsa 박사는 명상을 의료 장면에 적용할 수 있다고 강력히 주장했다. 그는 최근 「의료로서의 명상Meditation as a Medicine」이라는 저서에서 의료명상Medical Meditation을 만성병의 치료와 예방에 활용할 수 있다고 주장하고

스트레스 관련 질병의 예방과 치료를 위한 명상의 의료적 적용

있다. 그는 명상이 노화를 방지하고 삶을 젊게 해주기 때문에 다방면에 걸친 의료 장면에 명상을 적용할 수 있다는 것이다. 비록 명상법의 종류에 따라 효과성에 있어 다소간의 차이가 날 수 있지만 명상은 근본적으로 내분비기관의 퇴화를 저지하기 때문에 노화를 방지하고 회춘시킬 수 있다는 것이다.

이처럼 명상은 시상하부, 뇌하수체, 송과선과 그 밖의 내분비선의 기능을 회춘시킨다. 왜냐하면 명상에는 내분비선을 자극하는 심신 활동이 많이 포함되어 있고, 또 교감신경계 흥분에 따른 스트레스 반응에 대한 강력한 길항 반응인 부교감성 이완반응을 야기하기 때문이다.

모든 종류의 명상 훈련이 스트레스 반응을 조절하는 데 유효하다. 그러나 일반적으로 요가와 명상이 서로 결합된 복합 명상 형태일수록 내분비기관의 활성을 회춘시켜 젊음을 유지하게 하는 데 효과적이라고 한다. 칼샤 박사는 의료적 수단으로 사용되는 의료명상의 형태로 다음과 같은 것을 들고 있다.

- 기도pray • 심상법visualization • 수피 명상sufi meditation
- 유도 심상guided imagery • 마음챙김 명상mindfulness meditation
- 이완반응relaxation response • 초월명상transcendental meditation • 선禪 불교 명상zen buddist meditation • 미국 원주민 명상native american meditation • 태극권 기공과 같은 운동 명상 movement meditation, includung tai chi & qi gong

위에 열거한 여러 가지 형태의 명상법들에 포함되어 있는 공통적이고 중심적인 요인은 명상이 생각의 동요를 멈추게 하여 마음을 안정시키는 것이다. 마음이 안정된 상태를 유지하면 스트레스 반응과 정반대의 생리적 반응을 야기할 수 있고 마음과 몸을 안정 상태로 머물게 해준다.

한편 의료명상에 활용되는 요가는 형태에 따라 수행상 강조하는 점이 다르기 때문에 종류가 다양하다. 칼샤에 의하면 대표적인 요가 수행법으로 보시를 강조하는 카르마karma 요가, 신의 경배에 초점을 두고 만트라와 같은 진언을 유성 또는 무성으로 읊조리는 것을 강조하는 박티bhakti 요가, 신체의 자세 수련을 통해 심신의 균형을 이루려는 하타hatha 요가, 호흡, 운동, 그리고 정신적 초점 수련을 강조하는 라자raja 요가, 손가락 모양, 무드라 수행 등을 통해 하위 차크라로부터 상위 차크라로 에너지를 불러 올려 균형화시키는 것을 강조하는 쿤달리니Kundalini 요가 등이 있다.

이런 많은 명상법과 요가법 가운데 오늘날 미국을 중심으로 현대 의학에서 보완대체의학 또는 통합의학의 수단으로 많이 사용되는 이완반응, 초월명상, 마음챙김 명상이 심신 건강에 미치는 영향을 차례로 개관해 보자.

B. 이완반응 Relaxation Response

1994년 당시 미국 국립보건원(NIH) 산하 대체의학 연구소(OAM)에서

스트레스 관련 질병의 예방과 치료를 위한
명상의 의료적 적용

발간한 명상 연구에 관한 총람에 따르면 지난 25년간 명상에 관한 과학적 의학적 연구는 벤슨과 그의 동료들의 연구물이 대부분이었다고 소개하고, 명상에 관한 일반적인 연구 추세는 이완반응에 관한 연구가 대체의학 분야의 주류를 이루며 이완반응의 활용이 주류 의학의 하나가 되어가고 있다고 언급했다.

원래 이완반응 명상은 박티요가에서 유래한 초월명상(TM)에서 시작한 것이라는 점은 앞에서 살펴보았다. 이완반응은 TM에서 강조하는 종교적인 의미를 가능한 한 제거하고, 과학적 의학적 의미를 강조한 명상법이다. 의료명상가 칼샤는 이완반응 명상을 의료 장면에 소개하여 현대인이 처한 스트레스를 효과적으로 관리할 수 있도록 한 벤슨 박사를 현대 서양의학의 성웅 Saint Soldier이라고 부른다고 소개했다. 사실 명상이 현대 서양의학에 적용된 계기는 이완반응 명상법이 하버드 의대 부속병원에 처음 도입된 1975년 이후의 일이다.

벤슨 등이 주로 연구해 온 이완반응이란 조용한 장소에 가만히 앉아, 어떤 특정한 낱말이나 구절 mantra에 의식을 집중해서, 숨을 내쉴 때마다 이 만트라를 암송한다. 이런 이완반응 명상을 하루 두 차례 한 번에 20분씩 실천하면, 산소 섭취와 스트레스 호르몬 분비의 감소, 면역체의 기능 항진과 알파α파나 세타θ파와 같은 안정된 뇌파 활동 등이 특징적으로 나타난다.

그리고 이완반응에 따른 생물학적 변화에 따라 두통이 경감되고, 협심증으로 인한 통증이 줄어들며, 혈압을 낮추어 고혈압 치료에 도움을 주고, 기존 관념의 장벽을 깨뜨려 창의성을 발휘할 수 있고, 불면증을 이길 수 있고, 과다 호흡증후군의 발작을 예방할 수 있고, 요통을 덜어주고, 항암의 효과를 증진시키고, 공황 발작을 제어하고, 콜레스테롤 수준을 낮추고, 불안과 우울증을 개선하고, 메스꺼움, 구토, 설사, 변비, 조급증 등의 임상적 증상을 개선하며, 내적인 평화와 정서적 균형을 이루는 데 도움을 준다고 한다. 이상은 벤슨이 2007년에 하버드 의대 심신의학 연구소가 주최하는 "심신의학의 임상훈련"이라는 자료에 발표한 것이다.

C _ 초월명상 Transcendental Meditation; TM

초월명상(TM)은 미국에 가장 먼저 소개된 명상법으로 그동안 많은 연구가 이루어졌다. TM은 1959년 인도의 요기이자 과학자인 마하리시 마헤쉬에 의해 미국에 도입된 것이다.

    TM에 관한 과학적 연구는 1970년대 중반부터 본격적으로 이루어져 2000년 당시까지 약 600여 편의 통제된 연구가 출판되었다. 미국 국립보건원 대체의학 사무소의 자료집에 따르면 TM은 다음과 같은 효과가 있다고 소개하고 있다.

    TM은 불안을 감소시키고, 만성통증을 낮추며, 콜레스테롤 수준을 낮추고, 인지 기능을 높이며, 약물 남용을 줄이고, 혈압을 낮추며, 외상 후 스트레스 증후군을 개선하고, 입원 기간을 단축시킨다.

스트레스 관련 질병의 예방과 치료를 위한
명상의 의료적 적용

　　TM 연구들 가운데 특히 흥미를 끄는 연구로 TM이 노화를 저지하는 데 효과가 있다는 것이다. 칼샤의 『의료로서의 명상』이란 책에 의하면 TM을 수련한 노인들의 생물학적 나이는 실제 나이보다 훨씬 더 젊다는 것이다. 혈압, 시력, 청력 등의 생물학적 기능을 지표로 볼 때 적어도 5년 이상 TM을 수련한 노인들은 TM 수련을 하지 않은 노인들에 비해 생리학적으로 12년이나 더 젊어졌다고 한다. 단기간 동안 TM에 참여한 노인도 비참여 노인에 비해 5년이나 더 젊어졌다고 했다.

　　또 다른 통제된 연구들 가운데는 하버드 대학의 심리학자들에 의한 연구도 있다. 이 연구에서는 TM을 시작한 노인들을 대상으로 자료를 얻었다. 즉 TM을 시작한 지 얼마 지나지 않아 수련자들은 非 수련자들에 비해 심신 건강상 여러 가지 유익한 변화가 나타났으며, 수련자들은 더 오래 생존했다고 한다. 이러한 긍정적 변화는 이 연구가 끝나 10년이 지난 후 재조사를 했을 때까지도 그 효과가 여전히 지속되었다고 한다.

　　TM 수련자들의 건강이 개선된다는 또 다른 연구를 보면, 전반적으로 TM 수련자는 비 수련자에 비해 병원 이용 빈도가 유의미하게 감소되는데, 특히 나이가 많은 노인층에서 그 효과가 극대화된다고 한다. 이 연구에서는 TM의 항노화 효과를 2000명의 TM 수련자와 같은 수의 비 수련자를 대상으로 5년에 걸쳐 연구하였는데, TM 집단은 비 TM 수련 집단에 비해 모든 원인에 의해 병원에 입원하는 입원율이 56퍼센트 감소되었다고 한다. 자세히 살펴보면 심장병으로 인한 입원율이 87퍼센트나 감소되고, 암으로 인한 입원율은 57퍼센트, 신경계통의 질병(알츠하이머 포함)에 의한 입원율은 88퍼센트, 코, 인후, 폐 등 호흡기 질환으로 인한 입원율은 73퍼센트 감소되었다고 한다.

　　최근 뉴욕에 있는 세계 최고의 암 치료 센터인 슬로언-케터링 암센터sloan-kettering cancer center에서는 암으로 입원하고 있는 환자들에게 TM과 유사한 만트라 수행의 집중명상을 시켰더니 명상 수련을 한 환자들은 통증이 완화되었고, 혈압과 심장 박동률이 낮아졌으며, 불안과 우울이 개선되었고, 인지 기능도 좋아졌다고 보고했다. 이 프로그램을 관찰했던 하버드 의대의 멜럴 박사는 "명상이야말로 건강을 위한 강력한 치료 도구가 된다."고 언급했다.

　　서구 사회의 TM 보급이 확대된 것은 비틀즈의 한 멤버인 존 레논이 "Let it be"라는 노래를 전 세계적으로 유행시킨 것과 무관하지 않다. 지금 미국 아이오와 주에는 "TM 국제 대학교"가 설립되어 있는데, 이곳을 중심으로 TM의 의학적, 과학적 연구와 지도자 양성이 체계화되어 있다.

D _ **마음챙김 명상**Mindfulness Meditation

마음챙김 명상이란 불교에서 깨달음을 얻기 위한 37가지 수행법三十七助道品 가운데 가장 먼저 강조하는 사념처四念處 명상을 말한다. 사

스트레스 관련 질병의 예방과 치료를 위한
명상의 의료적 적용

념처란 신체身, 감각受, 마음心, 진리法와 같은 네 가지 대상에 의식을 집중하는 수행법으로 위빠사나 수행법 또는 관법觀法이라 부르는 명상법이다. 이 명상법은 1979년 미국 메사추세츠 대학교 의료원의 행동의학자인 카밧진 박사에 의해 스트레스 감소 훈련 프로그램으로 처음 임상에 도입되었다.

21세기에 와서는 많은 의료명상법들 가운데 이 명상 프로그램이 가장 주목받는 명상법으로 간주되고 있다. 따라서 MBSR이 전형적인 행동의학 연구나 심신의학 연구에 가장 많이 활용되고 있는데, 미국의 경우 MBSR 참가자는 의료보험 비용을 돌려받는다. 이 명상 수련에서는 명상자들이 어떤 특정한 한 가지 만트라나 이미지에 주의를 집중하지 않는다. 그 대신 자신의 마음을 계속 지켜보면서 순간순간 이곳에 나타나는 생각과 의식에 마음을 챙겨 가도록 훈련한다.

카밧진이 강조한 8주짜리 마음챙김 명상법(MBSR)의 프로그램 내용을 보면 보디 스캔, 정좌명상, 요가를 공식 수련 명상으로 삼고, 호흡명상, 먹기명상, 걷기명상, 자비명상 등 비공식 명상을 통해 일상생활을 하는 동안 무슨 일을 할 때나 지금 하고 있는 그 일에 마음이 깨어 있도록 하는 것을 강조한다. 이런 명상수행과 더불어 평소 마음챙김 태도 일곱 가지를 강조하는데, 첫째 판단하지 말 것, 둘째 인내심을 가질 것, 셋째 처음 시작할 때의 마음가짐 즉, 초심을 가질 것, 넷째 믿음을 가질 것, 다섯째 지나치게 애쓰지 말 것, 여섯째 수용할 것, 일곱째 내려놓을 것이다.

많은 임상 연구들에 의하면 마음챙김 명상을 하면 심리 생물학적으로 많은 변화를 보인다고 한다. 카밧진 박사에 의해 이루어진 대표적인 실험 연구 하나만 소개해 보자. 이 연구에서는 건선 피부병을 가진 환자를 대상으로 전형적인 의학 치료인 자외선 치료만 받게 한 집단과 자외선 치료를 받는 동안 자신의 호흡과 신체 감각 등에 마음챙기는 명상을 동시에 실천하도록 한 명상 집단으로 나뉘었다. 이 명상 집단의 피험자들은 치료 횟수가 거듭되면서 자외선이 자신의 피부 세포를 뚫고 들어와 건선 세포를 분해하고 용해시키는 것을 심상화하도록 하였다. 비록 두 집단이 똑같은 자외선 치료를 받았음에도 불구하고 12주의 치료를 끝낼 무렵 명상 집단의 피부는 비非 명상 집단의 피부에 비해 훨씬 빨리 깨끗하게 치료되었다. 명상 집단의 피험자 13명 가운데 10명이 40회 시행 끝에 깨끗한 피부를 보인 데 비해 비 명상 집단의 피험자는 10명 가운데 단 두 명만이 깨끗한 피부를 보였다.

　이와 유사한 치료를 암환자에 적용한 연구도 있다. 마음챙김 명상을 실천한 집단은 비 명상 집단에 비하여 멜라토닌melatonin이란 호르몬이 현저하게 많이 분비되었다. 멜라토닌의 분비 정도는 스트레스 지각의 정확한 지표가 됨으로 명상 집단의 환자가 비 명상 집단의 환자에 비해 스트레스를 덜 느끼는 것으로 추론할 수 있다.

　이 밖에도 마음챙김 명상은 공황 발작을 감소시키고, 불안 수준을 낮추며, 만성통증을 완화시키고, 두통의 발생 빈도를 줄이며,

스트레스 관련 질병의 예방과 치료를 위한 명상의 의료적 적용

약물이나 알코올 중독 치료의 반응률을 개선시키고, 비만증을 치유할 수 있다는 등의 연구 결과들이 선보였다. 따라서 마음챙김 명상을 실천하는 사람은 스트레스가 약화되어 수명 기간이 연장되고 삶의 질이 향상될 수 있을 것으로 기대할 수 있다.

4.
마음챙김 명상의 임상 적용 효과

최근 MBSR의 효과를 의학적으로 검증한 다양한 연구 결과들이 쏟아져 나오고 있다. 특히, 만성통증, 불안, 건선, 근섬유통, 암에 이르기까지 다양한 질병군에서 MBSR의 효과가 검증되었다. MBSR이 다양한 질병들에 효과가 있다고 한 경험적 연구들을 요약하여 소개한다.

A_ 만성통증 chronic pain

MBSR의 임상 효과를 처음 검증한 것은 카밧진이 1982년부터 1987

년에 이르기까지 실행한 만성통증 환자에 대한 연구였다. 이 연구들의 결과를 종합하면 통증의 비율이나 다른 의학적 질병의 징후와 전반적인 심리적 징후에 있어 MBSR이 통계적으로 유의미한 개선을 보여주었다. 이런 유익한 변화의 대부분은 후속된 추수 평가에서도 그대로 유지되었다. 이 연구들은 통제 집단이 없는 사전-사후 설계를 사용하였다는 점에서 실험 설계상 문제점으로 지적되었지만, 그 후 이루어진 잘 통제된 후속 연구들에서 MBSR이 각종 만성통증을 경감시키는 데 효과가 있다는 것이 입증되었다.

B _ 불안과 우울

1992년 카밧진은 일반화된 불안과 공황 장애를 가진 22명의 환자를 연구하여 불안과 우울의 몇 가지 지표가 MBSR 직후나 3개월 후의 추수 조사에서도 유의미하게 개선되는 것을 발견하였다. 또한 동일한 피험자를 3년 후에 다시 검사했을 때도 처음 8주 MBSR의 처치 직후에 얻었던 양호한 효과가 그대로 지속되고 있다는 것을 발견하였다.

2000년 티스데일Teasdale 등은 우울증을 가졌던 환자로서 약물치료 후 퇴원한 환자들을 대상으로 우울증 재발률에 있어 MBCT(마음챙김 명상에 기초한 인지치료, mindfulness based cognitive therapy)의 효과를 연구하였다. 이들은 연구가 시작되기 최소 12주 전에 약물복용을 끊었던 환자들이다. 환자들을 무작위적으로 선정하여 8주짜리 MBCT 집단과 통상적 처치 집단으로 분류하고 그 후 1년간 추적 연구를 했다. 예전에 3번 이상 우울증 증상을 보였던 환자에 있어 MBCT 집단의 재발률은 1년 동안 37퍼센트로서 통상적 처치 집단의 66퍼센트에 비해 통계적으로 유의미하게 줄어들었지만 이전에 한두 번 정도 재발한 환자의 경우는 두 집단 간에 유의미한 차이를 보여주지 않았다. 연구자들은 마음챙김 수련이 우울증 환자의 특징이라고 믿어지는 전반적인 자서전적 생활 기억을 수정하는 것으로 추측했다.

C _ 암

2000년 캐나다 캘거리 의대의 스펙카와 칼슨Speca & Carlson 등은 암환자 집단에 MBSR의 효과를 검증하였더니 MBSR이 암환자의 기분 장애와 스트레스 수준을 유의미하게 경감시킨다는 것을 발견했으며, 이러한 양호한 변화가 6개월 후까지 지속되는 것을 관찰하였다. 또한 2004년 같은 연구 팀의 칼슨 등은 유방암과 전립선암 환자 58명에게 MBSR을 실시하였더니 MBSR 집단은 삶의 질과 수면 질이 증가된 반면 불안과 우울은 감소하는 것을 관찰하였다. 1년 후까지 수축기 혈압이 감소되었고 암환자의 우울과 관련 있는 면역 관련 물질인 인터페론 감마와 인터루킨 10Interleukin 10 면역치가 유의미하게 감소되는 것을 발견하였다. 반면 유방암 환자의 암 성장을 늦추는 인터루킨 4의 수치는 3배나 증가되었다. 또한 애리조나 대학교의 샤피로Shapiro 등은 유방암 환자의 수면 장애에 작용하는 MBSR 의 효과를 주로 알아봤는데 MBSR은 유방암 환자의 수면 질을 유의 미하게 개선시킨다는 것을 발견했다. 최근에는 MBSR이 각종 암, 종양 또는 에이즈AIDS 치료에 효율적으로 적용될 수 있다는 논문이 간간이 보고되고 있다.

D _ 혼합된 임상 집단

1985년 쿠츠Kutz 등은 불안 신경증, 강박 신경증, 자기애적 장애 그리고 경계성 인격 장애 환자로 진단되어 정신역동 치료를 장기간 받고 있는 환자들을 대상으로 MBSR을 시켰다. 이 환자들은 개인적으로 정신 치료를 계속 받으면서 10주간에 걸쳐 MBSR을 받게 했는데 MBSR 집단은 환자 자신 또는 치료자가 평가한 다양한 징후들에 있어서 통계적으로 유의미한 개선을 보여주었다.

    로스와 크레손Roth & Creason은 수입이 적은 라틴계 환자를 대상으로 연구했는데 몇 가지 의학적 심리적 기능의 측정치에 통계적으로 유의미한 향상을 보여주었다. 또한 라이벨 등도 다양한 의학적, 정신적 진단을 받은 환자들을 대상으로 연구하였는데 MBSR이 의학적 심리적 제반 징후에 유의미한 개선을 보여주는 것을 관찰하였다.

E _ 기타 연구

메시온^{Massion} 등은 두 집단의 유방암 환자들에게서 멜라토닌 대사의 수준을 분석하였다. 매일 MBSR을 규칙적으로 실천했던 환자들은 하지 않은 환자들에 비해 멜라토닌 대사 수준이 유의미하게 높게 나왔다. 그들은 멜라토닌 대사 수준이 높다는 것을 MBSR이 멜라토닌의 대사 수준에 영향을 미쳐 유방암 개선에 긍정적 영향을 미치는 것으로 해석했다.

애스틴^{Astin}의 연구와 샤피로 등의 연구에서는 MBSR을 마친 대학생은 심리적 징후, 공감 비율, 그리고 영적인 경험에서 유의미한 영향을 나타낸다고 보고했다. 이 두 연구는 대기자 집단을 통제 집단으로 사용한 잘 통제된 연구이다. 윌리엄스 등은 MBSR을 마친 자원봉사자 집단을 대상으로 연구하였는데 이들은 스트레스 수준이 감소되었고 의학적 심리적 징후도 유의미하게 개선되었으며 봉사의 질도 좋아졌다고 했다.

F _ 기타 의학적 질병

크리스텔러와 할렛^{Kristeller & Hallet}은 MBSR이 섭식 장애에 미치는 영향도 연구하였다. 통제 집단이 없는 사전-사후 설계에서 18명의 여성 환자들이 섭식 및 기분과 관련된 몇 가지 측정치에서 통계적으로 유의미한 개선을 보여주었다. MBSR이 폭식증 환자의 치료에 유용하다는 연구도 있다.

근섬유통에 미치는 MBSR의 효과를 연구한 카플란^{Kaplan} 등의 연구도 있다. 이 연구들에서 다양한 신체적 증상들이 개선되었다고 보고했다. 건선^{psoriasis} 환자를 대상으로 한 연구에서는 개개의 광선 치료를 하는 동안 마음챙김 음향 테이프를 들은 환자들은 단독으로 광선 치료만 받은 환자들(평균 97일)에 비해 더 빨리 피부가 깨끗해졌다(평균 65일)는 것을 앞에서 이미 본 바 있다.

5. 한국형 마음챙김 명상(K-MBSR)의 효과 검증

필자가 2005년부터 2007년까지 신수심법身受心法의 사념처 수행과 카밧진의 MBSR을 바탕으로 한국형 MBSR $^{K-MBSR}$을 제작하고 이 프로그램의 효과를 다양한 피험자를 대상으로 수년간에 걸쳐 검증한 연구들을 중심으로 살펴볼 것이다. K-MBSR 프로그램은 영남대학교 심리학과 건강심리학 연구실의 박사과정, 석사과정 학생들에 의해 다양하게 연구되어 그 결과로 석사학위, 박사학위 논문과 전문학술지의 학술논문 등으로 발표되었다. 이 연구들은 2005년부터 2009년

한국형 마음챙김 명상(K-MBSR)의 효과 검증

에 이르기까지 약 500여 명의 학생, 직장인, 주부, 노인, 연구원, 의사, 심리학자, 각종 질병 환자 등을 대상으로 실시되었고 그 효과가 검증되었다. 그중 중요한 연구 결과 몇 가지만 소개한다. 먼저 대학원 학생을 대상으로 실시한 K-MBSR 8주 수행에서 간이 정신성(SCL-90-R) 검사로 평가한 신체화, 우울, 불안, 대인 민감성, 강박성, 망상성 및 정신성 검사 척도의 점수들이 K-MBSR을 마친 후 사전 검사에 비해 유의미하게 완화되었음을 발견하였다. 이러한 효과는 8개월이 지난 이후의 연구에서도 그 효과가 대부분 유지되고 있는 것으로 나타났다.

일반 대학생을 대상으로 K-MBSR 8주 프로그램을 실시하고 프로그램 전과 후의 스트레스 취약성과 반응성을 측정한 결과 MBSR 집단에서 스트레스 취약성이 개선되고 스트레스에 대한 반응성이 긍정적으로 변화하였다. 또한 대학생을 대상으로 실시한 K-MBSR에서는 우울과 불안이 유의미한 차이로 감소되었으며, 특히 명상을 통해 부정적 감정들이 줄어드는 것을 발견할 수 있었다. 이런 결과는 8개월 후까지 지속되었다.

대학생을 대상으로 시험 불안에 미치는 영향을 알아본 연구에서도 K-MBSR 프로그램을 훈련받은 집단은 훈련받지 않은 통제 집단에 비해 시험 기간 동안 불안과 우울이 유의미하게 낮게 나왔다. 또한 훈련 기간을 8주에서 6주로 단축시킨 단축형 K-MBSR 연구에서도 간이 정신성 검사의 여러 징후들이 검사 전에 비해 유의미하게 완화되는 것을 발견할 수 있었으며, 또한 공격성 및 우울에 있어서도 징후들이 완화되었다. 즉, 6주 단축형 K-MBSR도 8주 K-MBSR 프로그램과 동일한 효과가 나타난다는 사실을 발견할 수 있었다.

K-MBSR 프로그램을 4주-8주-12주로 기간을 달리하여 훈련한 효과를 검증한 연구에서는 4주 집단에 있어서는 프로그램의 효과가 나타나지 않았고, 8주와 12주 훈련 집단은 불안과 우울이 유의미하게 낮아지고, 부정적인 정서도 낮아지는 경향성을 보였다.

사회복지사를 대상으로 K-MBSR 프로그램의 효과성을 검증한 연구에서는 마음챙김 명상 집단이 통제 집단에 비해 간이 정신성 검사의 대부분의 지표에서 유의미한 감소가 나타났다. 만성통증 환자를 대상으로 한 연구에서는 만성통증 환자들은 K-MBSR 프로그램 8주 수련 후 전반적인 통증이 줄어들고, 간이 정신성 검사의 여러 징후들이 유의미하게 감소된 것으로 나타났다.

그 밖에 우울증 환자, 암환자, 만성통증 등의 임상 환자 집단과 정상 집단을 대상으로 K-MBSR의 효과를 검증한 연구에서도 K-MBSR은 불안, 우울, 적개심, 대인 민감성 등이 유의미하게 줄어들고, 긍정적 정서와 삶의 질은 유의미하게 상승되는 것을 관찰하였다. 위의 연구 외에도 K-MBSR이 노인들의 인지와 삶의 질을 개선하는 데에도 효과적이라는 것도 드러났다. 이상의 연구는 필자가 재직했던 영남대 심리학과에서 이루어진 연구 결과들이지만 최근에는 K-MBSR을 활용한 많은 연구들이 심리치료 장면이나 의료 장면 그리고 산업 장면에까지 등장하여 마음챙김 명상의 효과가 다방면에 걸쳐 밝혀지고 있다.

6. 명상이 심신 치유를 가능하게 하는 이유

앞서 살펴본 것처럼 명상(MBSR)이 스트레스에 기인하는 각종 심리적 신체적 질병을 치유하는 데 효과적임이 밝혀졌다. 그러면 과연 이러한 치유 효과를 일으키는 치유의 기제는 무엇일까? 몇 가지로 나누어 명상의 치유 기제를 살펴보기로 하자.

명상의 치유를 체계이론 입장에서 본 게리 슈왈츠Gary Schwartz의 주장을 정리한 필자의 견해(2004)와 인지행동적 입장에서 정리한 권석만의 견해(2006) 등을 중심으로 살펴볼 것이다.

1_ 개별성으로부터 전체성으로의 회복

현대사회에 만연하는 심신 장애의 원인은 부분 또는 개별성을 지나치게 강조함으로써 개체와 전체와의 연결성이 단절되는 고립화, 파편화 현상에서 그 이유를 찾아볼 수 있다. 딘 오니시Dean Ornish는 현대에 만연하는 질병, 특히 심장병은 전체와의 관계가 단절되어 고립감을 느낌으로써 일어난다고 주장하였고, 앞에서 살펴본 것처럼 필자도 격리 성장이 행동 장애를 야기한다고 주장했었다. 또한 질병은 전체와의 관계 단절에서 기인하며, 건강은 전체와의 연결과 관련 있다는 모형도 게리 슈왈츠Gary Schwartz 박사에 의해서 제시되기도 하였다.

슈왈츠의 연결 모형은 체계이론system theory에 근거를 두고 있는데, 그는 모든 생명체는 보다 낮은 하위 체계와 보다 큰 상위 체계와의 상호 조절에 의해 기능한다고 주장한다. 만약 하위 체계에 의해 작용하는 조절 기제와 상위 체계에 의해 작용하는 조절 기제가 서로 연결되지 않으면 유기적인 질서를 보여줄 수 없다는 것이다. 슈왈츠는 이런 조절에 관여하는 심리생물학적 과정들을 서로 연결시키기 위한 수단으로 "자기주의self-attention"라는 개념을 등장시켰다. 그에 의하면 이 자기주의는 보다 큰 틀의 항상성greater homeostasis과 안정성을 유지하는 데 필요하다고 주장한다.

만약 이러한 조절 과정에 단절이 생기면 질서 정연하게 작용하는 체계에 이상이 발생된다. 예컨대 정서적 억압repression으로 인

명상이 심신 치유를 가능하게 하는 이유

해 자기주의에 장애가 생기면 유기체 내부에서 일어나는 다양한 심리적 신경적 과정에 대한 알아차림에 단절이 일어난다. 슈왈츠에 의하면 자기주의의 장애로 생기는 부주의disattention는 단절disconnection을 낳고, 단절은 부조절disregulation을 가져오고, 부조절은 무질서disorder를 불러오게 되어 장애disease를 낳게 된다고 주장한다. 이것을 치유 입장에서 보면, 명상과 같이 자신의 몸과 마음의 미세한 과정에 주의를 집중하면 단절로부터 연결이 이루어지고, 이 연결은 부조절로부터 조절을 가져오며, 조절은 무질서로부터 질서를, 질서는 장애로부터 평안감ease을 낳게 되어 일상적인 말로 건강하게 된다는 것이다.

슈왈츠 박사는 사람들은 여러 가지 이유 때문에 자기 자신의 몸에서 파생하는 불편한 신호를 잘 인지하지 못하므로 이를 잘 다루지 못한다고 한다. 신체로부터 오는 경고 신호에 대해 주의를 기울이지 못하는 것은 매우 흔한 일이다. 슈왈츠에 의하면 억압과 같은 방어 기제를 잘 사용하는 사람은 신체 과정에서 파생하는 정보에 부주의하기 쉽다고 주장한다. 슈왈츠는 억압을 많이 하는 사람일수록 뇌파, 근전도, 그리고 특히 심혈관계의 흥분성이 증가하여 심리생리학적 장애를 보여준다는 증거를 제시하였다. 이것은 방어가 많을수록 혈류역동적 흥분성hemodynamic arousal이 높고 심혈관계의 흥분성도 높다고 하는 델몬트Delmont의 견해나, 억압이나 방어가 심한 사람은 불안이 낮은 피험자에 비해 신체적 질환도 더 많다고 하는 연구들에 의해서도 지지된다.

　　슈왈츠의 자기주의 이론은 주어진 상황 하에서 자신에게 일어나는 행동적, 생리적, 또는 인지적 반응들에 대한 자기 탐지력 self-monitoring이 증가되면 다양한 수준의 자기 조절 능력의 증가를 가져온다는 것이다. 이 주장은 미세한 수준의 몸身, 감각受, 마음心, 현상法에 대한 탐지 능력의 증가를 수행의 근본으로 삼는 사념처 명상 수행에 의한 자기 조절 능력의 향상을 설명해 줄 수 있다. 다시 말해 사념처 수행을 통해 자신의 몸, 감각, 감정, 생각에 대한 탐지 능력이 향상된다는 것은 곧 자기 조절력의 증가와 스스로의 대처 능력, 나아가 건강 증진과 개인적 성장 능력이 향상되는 것임을 의미하는 것이다. 자기 자신의 신체에서 일어나는 미세한 감각 정보를 감지하고 이에 수반하여 일어나는 감정과 생각 그리고 제반 심리적 현상들에 대해 주의를 기울여 보려고 하면, 이러한 수행이 쉬운 일이 아니라는 것을 알게 된다. 만약 호흡, 자세, 그리고 마음이 완전한 조화調息, 調身, 調心를 이룬다면 이들 3자 사이에 깊은 연결감을 느끼고 깊은 이완 상태에서 우리의 몸과 마음이 하나의 전체가 되는 일체감을 느끼게 될 것이다. 이러한 전체로서의 연결감은 사념처 수행을 기본으로 하는 마음챙김 훈련에 의해 습득될 수 있으므로 몸과 마음이 자연스럽게 치유가 될 것임은 자명한 일이다.

2 _ 무아라는 관점으로의 변화

명상을 통해 치유가 일어난다는 것은 곧 삶을 보는 견해가 근본적으로 달라지는 것과 관련 있다. 즉 명상수행을 통해 자기 자신이 전체에서 떨어져 나와 있는 개별적 존재라는 생각에서 자신은 보다 큰 자연과 서로 연결되어 맞물려 있는 한 존재라는 관점으로 바뀌게 되면 치유가 일어난다. 명상을 하면서 자기 자신을 전체 속의 하나로 본다거나, 자신을 보다 큰 전체, 즉 우주나 신과 연결되어 있는 존재로 체험하게 되면 자신이 갖고 있는 문제나 고통을 과거와는 다른 시각으로 보게 되어 치유가 일어나는 것이다.

개별적 고립적 시각으로부터 전체적 총체적 시각으로 관점이 바뀌게 되면 비록 지금 직면하고 있는 문제나 고통 그 자체는 바뀌지 않고 그대로 있다 하더라도 이를 보는 관점이나 다루는 방식에 있어서 현격한 변화가 일어나게 된다. 이런 변화는 자신의 문제나 고통이 통제 불능 또는 고립무원이라는 절망적 관점으로부터 있는 그대로 수용하고, 이를 통제 가능한 방향으로 바꾸어 놓을 수 있는 긍정적 견해로 바뀌게 된다. 이처럼 문제나 고통에 대한 근본적인 인지와 태도에 긍정적 변화가 일어나면 신체적 증후가 감소되거나 신체 조건이 동시에 개선될 것이다.

명상이 깊어지면 전혀 새로운 관점으로 자신과 세계를 보게 된다. 이런 지각적 변화는 돌발적이고도 극적인 모습을 보여줄 때가 있는데 이런 극단적 경험의 정점이 바로 브레이크 아웃, 다시 말해 영성의 변형 또는 깨달음이라고 할 수 있을 것이다. 그러나 대부분의 경우는 명상을 하는 동안에 보다 깊은 이완감을 경험하면서 동시에 자기 자신에 대한 고정적 견해가 서서히 바뀌게 되는 것이 일반적이다. 사람들은 자기 자신을 불변하는 존재로 보아 왔지만 명상 경험이 쌓여 가면서 자기 자신을 우주와 연결되어 있는 보다 큰 존재로 보게 된다. 이런 변화가 이루어지면 비록 스트레스와 고통이 엄습해 온다 하더라도 사태를 보다 안정적이고 균형 잡힌 시각으로 보는 능력이 커지게 된다. 이런 의미에서 명상에 의한 치유를 인지치료cognitive therapy라 말할 수 있다. 궁극적인 자기 변혁이란 "나我"라는 에고의 감옥으로부터 해방되는 것이다. 이것은 "나"라는 것이 변화되지 않는 고정된 실체가 아니라 무한한 변화를 거듭하는 존재라는 것을 알게 되어 "고정된 나는 없다"라는 "무아無我"의 경지를 발견하고 에고의 감옥에서 해방될 때 참된 치유가 이루어질 것이다.

3 _ 주의 집중력의 증가

명상을 통해 주의를 집중하는 능력이 늘어나면 이에 비례하여 치유력이 증가한다. 우리의 마음은 지나간 과거의 일에 매달려 있거나 아직 다가오지 않은 미래의 일에 대해 걱정하면서 대부분의 시간을 보낸다. 마음챙김 명상은 과거나 미래에 빼앗긴 마음을 현재라는 이곳으로 데리고 오는 것이다. 어떤 형태의 에너지이든 한 곳에 집중하면 힘이 생긴다. 비유하자면 보통 전구는 다양한 파장에 따라 다

명상이 심신 치유를 가능하게 하는 이유

양한 빛을 내는데 이것은 마치 우리의 뇌가 동시에 다양한 생각(공상)을 하는 것처럼 힘이 없다. 그러나 레이저 광선은 단일 파장의 광선만 발사하기에 엄청난 힘을 갖는다. 마찬가지로 오직 하나의 대상에만 마음을 집중하면 엄청난 힘을 보여줄 수 있다. 따라서 명상을 통해 주의 집중력이 늘어나면 산만한 마음이 한 곳에 모여 엄청난 치유의 힘이 될 수 있는 것이다.

치유가 일어나는 과정은 사람에 따라 차이가 있다. 치유란 언제나 사람에 따라 고유하게 진행된다. 우리는 개개인이 건강하거나 또는 질병을 갖고 있거나 간에 자기 나름의 고유한 삶을 경험해 왔고 또 나름의 방식에 따라 이를 극복해 왔다. 따라서 사람마다 자기에게 보다 적합한 명상 방법이 있고 명상 체험도 고유할 수 있다. 명상 수련은 흔들리는 마음을 붙잡아 한 곳에 집중함으로써 "참나"의 존재로 찾아가는 길, 그 이상의 특이한 것은 아니다. 명상을 통해 "참나"에 이르는 길로 몰입해 가면 저절로 치유가 이루어진다. 만약 무언가를 얻기 위해 명상을 한다면 치유 효과가 없다. 무엇보다 중요한 것은 존재의 영역에 그대로 머물러 있도록 하는 것이며, 존재의 양상이야말로 치유의 근본인 것이다. 『임제록』에서 "비록 어디에 가 있더라도 주인(존재)이 되면 있는 곳이 모두 진리이다.隨處作主 立處皆眞"라고 한 것은 바로 존재의 양식에 대한 통찰이다.

4 _ 자기 반응에 대한 탐지력의 증가

특히, 마음챙김 명상은 우리의 몸과 마음에서 지금 이 순간 일어나고 있는 경험적 현상들을 생생하게 관찰하는 특이한 훈련이다. 이러한 관찰 과정은 "관찰하는 자아觀察自我"와 "체험하는 자아體驗自我"로 나누어진다. 심리학 창시자의 한 사람인 윌리엄 제임스는 자기self란 인식하는 "자기I;self as a knower", 다시 말해 순수한 자기pure self와 "인식되는 자기me;self as known", 다시 말해 체험하는 자기empirical self로 구분된다고 하였다. 즉, 전자는 인식의 주체이고 후자는 인식의 객체이다. 마음챙김 훈련에 있어서 관찰자아觀察自我와 체험자아體驗自我로 나누어진다는 것은 바로 제임스의 인식하는 자기와 인식되는 자기로 구분하는 것과 유사하다.

  우리는 일상적으로 관찰하는 자기와 체험하는 자기를 구분하지 않는다. 다시 말해 인식 주체인 "내"가 지금 밥을 먹고 있는 경험을 하고 있는 "나"를 구분하여 알아차림하지 않고 오직 밥 먹는 체험에만 빠져 있는 "나"에게만 몰두한다. 또한 비록 자기를 살펴 바라보는 경우라 하더라도 과거에 좋았던 일이나 슬펐던 일, 또는 아직 일어나지 않은 미래의 일에 대해서만 생각할 뿐 지금 이곳에서 생생하게 전개되고 있는 일에는 관심을 두지 않는다. 이처럼 우리는 인식 주체로서의 "나" 즉, 관찰자아와 인식 객체로서의 "나" 즉, 체험자아 사이에 명확한 구분 없이 동일한 것으로 생각한다. 따라서 순간순간 경험하는 체험에 따라서만 인식이 결정되고, 체험에 함몰

되어 살아가게 된다.

    그러나 지금 이곳에서 일어나고 있는 경험을 알아차림(인식)하는 마음챙김 명상을 수련하게 되면 관찰하는 자아(인식 주체)와 체험하는 자아(인식 객체)가 서로 분리되어 체험하는 경험을 순수하게 바라볼 수 있게 됨으로써 체험 자체에 함몰되어 끌려가지 않고 적절한 거리를 두고 바라볼 수 있게 된다. 따라서 순간순간 경험하는 정서 경험에 따라 자동적으로 반응해 왔던 반사적 행동은 점차 줄어들고, 평정한 상태에서 자신이 체험하는 정서 반응을 보다 객관적으로 바라볼 수 있게 되는 것이다.

    우리는 이처럼 수시로 변화하는 몸과 마음의 현상을 알아차림함으로써 체험하는 반응 하나하나에 일방적으로 휘말리지 않고 평정한 마음 상태를 잘 유지해 나갈 수 있게 될 것이다.

5 _ 자신의 반응에 대한 관찰력 증가

마음챙김 명상은 자기 몸의 미세한 감각, 몸의 미묘한 동작, 그리고 다양한 감정과 끊임없이 분출되는 욕망과 수시로 변화하는 심리적 제 현상을 살피는 훈련이다. 이러한 훈련을 통해 몸과 마음에서 일어나는 미묘한 변화들을 알아차림해 나감으로써 자신을 보다 투명하고 명확하게 인식할 수 있게 된다. 우리는 행주좌와行住坐臥 어묵동정語默動靜의 일상생활 속에서 자신의 신체나 마음속에서 일어나는 감각, 감정, 욕망 들의 변화에는 별다른 관심을 두지 않고 오직 외부적으로 일어나는 자극이나 변화에만 주의를 기울인다. 비록 자기 자신에 대해 주의를 기울이는 경우라도 과거에 있었던 일이나 미래에 일어날 수 있는 일에 대해서만 관심을 두기 때문에 우리의 마음속은 언제나 동요하고 있고 산만하다. 마음챙김 명상은 누워 있을 때나, 앉아 있을 때나, 걷고 있을 때나, 음식을 먹을 때나, 호흡을 할 때나, 동작을 할 때나, 외부 세계의 자극에 따라 내부 세계에서 일어나는 감각, 감정 또는 생각의 미세한 변화들을 세밀하게 알아차림하는 것이다.

마음챙김 명상이란 끊임없이 외부 대상으로 향하려고 하는 의식을 지금 나에게서 전개되고 있는 내부 세계로 돌려 알아차림하는 것이다. 이것은 선禪의 세계에서 이른바 "불취외상不取外相 자심반조自心返照"라고 하는 것과 동일한 개념이다. 이러한 자기 내면세계에 대한 알아차림 능력이 커지면 몇 가지 심리적 변화가 나타난다. 우선 현재 전개되고 있는 자기 자신의 경험에 대한 알아차림은 자기 이해를 깊게 하여 통찰력을 키우게 된다. 프로이드에 의하면 우리의 정신 작용에 영향을 미치는 많은 심리적 세계는 억압repression이라는 무의식적 자아 방어 기제를 통해 의식에 떠오르지 못하게 하여 무의식 속에 잠복되어 있다.

따라서 자신에 대한 이해라는 것은 매우 피상적이고 제한되어 있어 이른바 빙산의 일각에 불과한 이해일 뿐이다. 그러나 자기의 현존적 내면 경험에 대해 알아차림을 계속해 나가면 무의식적으로 자동화되어 버렸던 심리적 과정에 대한 알아차림이 새롭게 이루어진다. 이것이 바로 무의식의 의식화이다.

　　마음챙김 명상에서 통증이나 불안과 관련된 생각을 어떤 판단도 없이 순수하게 알아차림하게 되면 그러한 생각은 실재하는 현실을 반영하는 것이 아니라 "단지 생각일 뿐"이고, 이런 생각은 무의식적인 자동화에 의한 것임을 알게 되어, 더 이상 통증이나 불안을 회피하거나 제거하기 위한 불필요한 행동을 하지 않게 된다. 이처럼 마음챙김 명상을 계속해 나가면 무의식이란 창고 속에 억압되어 자각되지 못한 채 반복되어 왔던 부적응적인 활동이나 사고에 대한 새로운 자각과 통찰이 가능해지게 된다.

6 _ 비판단적 태도와 수용성의 증가

마음챙김 명상의 중요한 태도로 간주되는 비판단적 수용적 태도의 증가에 따른 치유 효과가 중요하다. 비판단적 수용적 태도란 지금 경험하고 있는 것을 있는 그대로 느끼고 받아들일 뿐 어떤 판단이나 평가를 하지 않는다는 것을 뜻한다. 이러한 태도는 이 순간 나타나는 경험들에 대해 어떤 편견도 갖지 않고, 마음을 열고, 친절하고, 주의 깊게 관찰하고, 솔직하게 받아들이는 태도를 말한다.

　　우리는 일상적으로 체험하는 경험을 범주화하여 판단하려 한다. 사물뿐만 아니라 타인들의 견해나 행동에 대해서도 편견을 갖고 판단해 왔으며 심지어는 자기 자신에 대해서도 평가하고 판단해 왔다. 이러한 판단적인 태도는 성장해 오는 동안 관계해 왔던 부모, 친지, 선생, 동료 들로부터 체험해 온 뿌리 깊은 습관에 따른 것이다. 이러한 판단적 습관은 우리 자신의 내면에 깊이 스며들어 있어서 생각과 느낌 그리고 일상적 행동 패턴 속에 자신을 가두고 있다. 따라서 긍정적으로 평가될 때는 기쁨, 자긍심, 행복감을 느끼지만, 반대로 부정적인 평가에 대해서는 실망감, 좌절감, 죄책감, 적개심을 느끼게 된다. 인정받을 때는 사랑을, 인정받지 못할 때는 미움을, 다시 말해 사랑과 미움을 반복한다.

마음챙김 명상은 이러한 판단적이고 평가적인 태도에서 벗어나 자기 자신을 있는 그대로 수용하여 관찰하도록 하는 것이다. 이러한 수용적 자기 관찰은 자기 이해를 보다 증대시키고 자기 수용의 범위를 넓히는데 이것이 바로 심리 치유적으로 작용하게 된다. 이처럼 자신의 경험에 대한 비판단적 수용 능력이 크게 배양됨으로써 다양한 심리적 문제의 원인이 되는 회피행동을 감소할 수 있게 되는 것이다.

7 _ 행동하는 양상에서 존재하는 양상으로

끝으로 마음챙김 명상은 행동하는 양상으로부터 존재하는 양상으로 바꾸도록 하는 마음 수련이다. 세갈 등에 따르면 인간의 삶은 두 가지 양상 즉, 행동하는 양상doing mode과 존재하는 양상being mode으로 나누어진다고 했다. 행동 양상은 목표 지향적이고 목표의 성취를

명상이 심신 치유를 가능하게 하는 이유

위해 행동에 몰두하는 것이다. 이러한 행동 양상은 현실과 목표 간에 괴리를 인식하여 불안감을 느낄 때 촉발된다고 한다. 즉, 자기가 목표로 하는 상태에 이르지 못한다고 느낄 때 불안감을 느껴 행동 양상이 촉발하게 된다. 행동 양상이 촉발하게 되면 좌절감이나 불안감 때문에 부정적 정서가 촉발되고 이런 좌절감과 불안감을 줄이기 위해 습관적인 심리 과정과 행동 패턴이 자동적으로 작동된다. 이러한 행동 양상은 자동적이며 반사적이어서 마음이 지금 이곳에 지긋하게 머물지 못하도록 하고 과거로 달려갔다가는 미래로 달려가는 등 분주하게 움직이므로 마음이 혼란스럽게 된다.

한편 존재 양상은 이러한 행동 양상과는 대조적인 양상으로서 행동 양상이 목표 지향적이라면 존재 양상은 지금 이곳에 지긋하게 존재할 뿐 특정한 목표를 지향하지 않는다. 존재 양상에서는 목표 성취와 관련하여 좌절감이나 불안감을 느끼게 하거나, 비교하고 판단하고 평가해야 할 필요성이 없으므로 괴리감을 감소시키기 위해 특별한 보상 행위를 해야 할 압박감도 느끼지 않는다. 존재 양상에서는 마음이 현재 이곳에 머무르면서 순간순간의 경험을 알아차림 하는 데만 전념할 뿐이다.

존재 양상에서는 현재 이곳에서 생생하게 느끼는 사고나 감정은 단지 일시적으로 지나가는 일과성 사건에 불과하다는 것을 인식하게 된다. 이처럼 존재 양상으로 바뀌게 되면 현재 전개되고 있는 사건이나 심리적 현상을 있는 그대로 수용할 뿐 부정하거나 회피할 필요성을 느끼지 않게 된다. 따라서 자신의 사고와 감정은 마음속에 일시 나타났다가 전개되다가 사라져 버리는 하나의 "덧없는 현상"에 불과하다는 것을 알게 된다. 그러므로 사고나 감정에 매달리거나, 애써 바라는 심리적 고통으로부터 자유로워질 수 있다. 이처럼 마음챙김 명상을 통해 일어나는 제반 사건이나 현상을 영속적으로 지속되는 것이 아니라 일과성 현상에 불과한 "덧없는 것", 다시 말해 무상無常한 것으로 바라볼 수 있게 되면 대상에 매달려 안달하는 심리적 고통으로부터 해방될 수 있는 것이다.

7.
명상의 심신치유적 전망

　미 국립보건원 산하 대체의학 연구소의 심신心身개입 위원회의 책임자로 있는 저명한 의사이며 작가이기도 한 래리 도시Larry Dosey 박사는 현대 의학의 발달은 3단계로 나누어진다고 했다. 1860년부터 1950년 사이에 발달되었던 의학은 기계론적 의학으로서 이때는 특정 질병의 원인과 이를 치료하는 기적의 약물 개발에 중점을 둔 시기였는데, 이 시기의 의학이 오늘날 서양의학의 주류 전통을 잇고 있다.

두 번째 단계는 1950년대 이후 산업화가 고도화되면서 스트레스에 의한 각종 신체 질병이 극성을 부리면서 등장한 정신-신체 의학의 시기이다. 이 시기에는 스트레스의 대처 기법이나 낙천적 태도나 긍정적 신념과 같은 심리적 요인이 질병 발병과 치료에 중요한 역할을 한다는 점이 인식되는 시기였다.

세 번째 단계는 기氣의 의학Telesomatic Medicine의 시기라고 하는데, 이것은 A라는 기공사가 B라는 환자에게 기氣를 보내어 질병을 치료한다거나 환자의 신체를 떨어진 곳에서 기를 통해 질병 부위를 진단하는 의학이 일반화되는 시기라는 것이다. 기의 의학은 신체를 기계론적으로 보고 마음을 신체라는 기계에서 파생되는 것으로 보는 전통 의학적 견해에 심각한 문제를 제기하는 것이다.

이런 도지 박사의 견해를 전제로 한다면 21세기 의학은 명상과 같은 마음 수련을 통해 자기 치유력을 증가시킴으로써 일차적으로 스트레스에 대처하는 심신의학적 견해가 더욱 발전하는 모습을 띨 것이고, 나아가 이런 명상수련을 통해 기 에너지의 축적을 극대화하여 자기 치유력을 높이고, 이런 기를 자기 내면에나 타인에게 유통시켜 질병을 치료하는 제3시기의 의학이 만개될 것으로 생각된다. 따라서 오늘날 대체의학 또는 통합의학에서 자기 치유에 대한 기대와 열망은 21세기 의학의 중심 과제가 될 것임을 짐작하게 한다.

2001년 명상의 한 방법으로 "기도의 의학적 힘"에 관한 저서가 듀크 대학 의과대학의 쾌니그Koenig 박사에 의해 단행본으로 출간

되었고, 2005년 "신경과학회"가 달라이 라마를 기조 연설자로 초청하여 뇌의 가소성에 관한 "명상의 신경과학"에 관한 연설을 듣게 된 것, 또는 한국의 이동식 선생이 최근 펴낸 『도정신치료 입문』과 같은 동양의 도와 서양의 "정신 치료"를 한 단계 높여 통합한 저작들은 바로 도, 명상, 기, 기도 등과 같은 마음 수련이 21세기 의학의 주제가 될 가능성을 보여주는 것이라 하겠다.

2002년 미국의 경우 마음챙김 명상을 임상이나 의료에 활용하고 있는 의료 기관이 240여 곳에 이른다고 한다. 마음챙김 명상의 장래 전망의 하나로 마음챙김 명상 프로그램(MBSR)을 처음 임상에 적용시킨 카밧진은 『총체적 위기의 삶Full Catarosphe Living』 출판 15주년 기념판(2004년 발간) 서문에서 다음과 같이 언급하고 있다. "1990년 이래 심신 관계와 통합의학은 고유의 영역을 확장시켜가고 있다. 통합의학은 심신 치유를 비롯하여 대체의학이나 보완의학 등에서 과학적으로 입증된 치료 방법들까지를 두루 아우르는 용어가 되었다. 현재 미국과 캐나다의 22개 의대가 모여서 통합의학 아카데미 컨소시엄을 결성하였으며 여기에 참여를 원하는 의대의 수가 급증하고 있다. 통합의학을 연구하는 사람들 간에는 마음챙김 mindfulness이 통합의학을 담아내는 그릇이라는 데 동의가 형성되어 있다. 마음챙김과 판단하지 않고 '있는 그대로 존재하기'로 의료 담당자들을 훈련하고 배양하지 않는다면 치료자-환자 사이의 관계는 너무나 쉽게 붕괴, 실종되며 각 개인이 가진 무한한 학습, 성장,

치유와 개인적 변화 능력은 무시되거나 사라지기 쉽다."라고 갈파하고 있다.

　21세기를 살아가는 우리는 명상을 통한 자기 치유의 시대가 도래했음을 실감할 수 있다. 판단하지 않고 있는 그대로 보고, 수용하며, 자기에게 책임감을 느끼고, 자기를 조절해 가는 자기 치유야말로 명상을 통해 가능한 일이다.

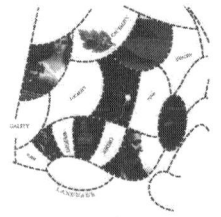

부록

삶의 지혜를 얻기 위한
마음챙김 명상 - MBSR

부록

1.
마음챙김이란?

마음챙김Mindfulness이란 주의 집중 능력을 기르는 독특한 형태의 마음 수행법의 하나이다. 이 마음 수행법은 초기 불교의 마음 수행 전통에서 유래한 것이지만 오늘날에는 미국, 영국, 캐나다, 독일 등 스트레스가 극성을 부리는 구미 제국에서 스트레스 감소법 또는 스트레스 관련 질환의 치료에 많이 사용되고 있는 명상이다.

마음챙김에 기반한 스트레스 감소Mindfulness Based Stress Reduction; MBSR 프로그램을 처음 개발하여 보급한 존 카밧진Jon

마음챙김이란?

Kabat-Zinn 박사는 "마음챙김은 현재 이 순간 일어나고 있는 경험에 대해 어떤 판단도 하지 않고, 의도적인 방법으로 주의를 집중해 가도록 하는 것이다."라고 정의하고 있다. 마음챙김이란 주의가 과거의 기억, 환상, 미래의 계획 또는 걱정과 같은 것에 쏠리는 것과는 다르고, 또한 자신이 지금 행하고 있는 행동을 자동적으로 건성으로 행하는 것과도 판이한 것이다.

따라서 마음챙김을 간단히 정의하면 "지금 이 순간 바로 이곳에서 나타나고 있는 경험에 대해 그것이 유쾌하거나 불쾌하거나에 상관없이 오직 호기심과 관심을 갖고 열린 마음 자세로 깨어 살펴보는 것"이라 할 수 있다. 다시 요약하면 지금今, 이곳에서處 일어나고 있는 경험에 대해 깨어 있는 마음心으로 바라본다觀는 것이다. 그래서 마음챙김을 불교에서는 염처관念處觀, 관법觀法 수행 또는 위빠사나 수행이라 부른다. 불교 전통에서는 마음챙김 명상 수련을 삶의 고苦를 감소시켜 편안한 세계로 가게 하는離苦得樂 마음 수행법으로 오랫동안 실천해 왔던 것이다. 특히 이 마음 수행법은 삶의 고를 없애기 위해 알아차림, 통찰, 직관과 같은 지혜를 기르며, 평정심과 자비심과 같은 넉넉한 마음을 기르기 위한 마음 수행법으로 2500년 동안 미얀마를 중심으로 동남아시아 제국에서 활용되어 왔다.

1970년대 후반부터 서구의 건강 전문가들은 마음챙김 명상법을 불교 사상에 기인한 전통적 수행 체계와는 약간 달리하여 스트레스에 시달리는 각종 만성병 환자나 우울증 환자, 성격 장애자 등

부록

의 임상 치료에 적용하는 데 관심을 갖게 되었다. 그런 노력의 결과로 여러 종류의 마음챙김 심리치료법이 개발되었는데 이른바 카밧진의 MBSR, 시걸Segal 등의 MBCT, 리네한Linehan의 DBT, 헤이스Hayes 등의 ACT라 부르는 여러 종류의 마음챙김 심리치료법들이 서양의 심리학과 의학에 선보이게 된 것이다. 그리고 최근에는 『마음챙김과 심리치료』라는 거머Germer 등의 저술과 『마음챙김에 바탕 둔 치료적용』이라는 베어Baer가 편집한 저술이 선보였다. 그리하여 2000년대에 들어와 "마음챙김"이 미국 임상심리학회의 주제어로 선정될 정도로 관심이 증폭되었고 마음챙김 또는 알아차림을 인지 치료의 제3물결로 간주한다.

마음챙김에 기반을 둔 치료법들의 공통점은 모두 마음챙김에 기반한 알아차림awareness을 중요시한다는 것이다. 어떤 마음챙김 수련법에서는 1회기 45분 동안 조용히 한 곳에 앉아 있거나 또는 누워서 각기 독특한 방법으로 마음을 챙겨가는 공식 명상이 있는가 하면, 수련자가 걸음을 걷는다거나, 목욕을 한다거나, 차를 마신다거나, 음식을 먹을 때라든가, 운전을 하고 있을 때와 같은 일상적인 활동 속에서 마음챙김해 나가는 것을 강조하는 비공식적인 수련도 있다.

비록 마음챙김 수련 방법들 간에 약간의 차이는 있지만 몇 가지 일반적 방식은 공식 또는 비공식 마음챙김 수련에서 공통적이다. 즉 마음챙김 명상 수련자는 호흡, 걷기, 먹기와 같은 하나의 특정한 활동을 할 때 그 활동에 주의를 모으거나 특정한 활동을 조심스럽게

마음챙김이란?

관찰하도록 한다. 수련자들은 그들의 주의가 과거의 기억이나 비현실적 공상 속으로 빠져들어 방황하고 있다는 것을 알아차림하고서는 원래의 관찰 대상 쪽으로 부드럽게 주의를 되돌리도록 하는 것을 강조한다.

만약 신체로부터 어떠한 감각들이 느껴지거나 감정이 일어나게 되면 그런 것이 일어났음을 조용히 살펴보면서 그것들이 어떻게 느껴지며, 신체의 어느 부분에서 느껴지는지, 또는 시간이 지나가면서 어떻게 바뀌어져 가는지를 살펴보도록 한다.

마음챙김 훈련에서는 신체의 감각 외에도 소리, 광선, 또는 냄새와 같은 외부 환경 자극을 마음 챙겨 관찰하도록 한다. 수련자들은 관찰된 현상들에 대해 호기심, 흥미, 그리고 있는 그대로 수용하는 태도를 기르도록 해야 하며, 관찰한 경험에 대해 어떤 평가나 비판 또는 무시하거나 변화시키려는 태도를 갖지 말도록 해야 한다. 예컨대 관찰된 생각을 합리화하려고 하거나, 왜곡시켜 평가하려 하거나, 불합리하게 판단하려 하거나, 원하지 않는 생각을 배제해 버리려고 하거나, 불쾌한 감정이나 감각들을 감소시키려고 해서도 안 된다. 그 대신 감각, 감정 그리고 생각이 나타났다가 사라져가는 것만을 살펴보게 한다.

마음챙김 명상은 주의를 특정한 하나의 단어 또는 하나의 문구(만트라)에 국한시키거나, 어떤 특정 사물 또는 특정 감각과 같은 특정한 하나의 단일 자극에 국한시키는 것을 강조하는, 앞 장의 이완반응과 같은 집중명상과는 다르다. 마음챙김 명상은 주의가 흔들린다는 것을 알아차리면 가능한 한 빨리 원래 주의의 대상으로 되돌아가야 한다. 주의가 흔들린다는 것은 바로 마음이 혼란하여 자극의 특성에 주의를 잘 기울이지 못하고 있음을 의미한다.

마음챙김 명상에 있어서도 가끔 집중에 바탕을 두는 집중명상부터 시작한다. 다시 말해 수행자는 호흡과 관련 있는 콧구멍의 감각이나 복부의 상하 운동과 같은 운동 감각에 먼저 초점을 두는 것으로부터 시작하여 자신의 주의가 흔들려 다른 곳에서 방황하고 있다는 것을 알아차렸을 때 호흡 감각으로 주의를 되돌려야 한다.

그러나 마음챙김에서는 시간이 지나면서 자연스럽게 일어나는 생각, 기억, 환상, 신체 감각, 정서, 욕망 들을 포함하는 자극들의 변화와 흐름을 판단하지 않은 채 관찰하는 수련을 계속 진행해 나간다. 마음챙김 명상 수련에 있어서 자신의 마음이 흔들린다는 것을 관찰하는 것이 중요한 수행 과제이다. 수행자는 이러한 다양한 사건들에 대해 상대적 가치나 중요성으로 나누어 판단하지 말고 오직 일어나는 그대로 알아차리도록 해야 한다. 사건이 일어날 때마다 계속적으로 자극의 변화 흐름을 비판단적으로 관찰하는 상태를 순수한 주의bare attention 또는 선택하지 않는 알아차림choiceless awareness이라 부르기도 한다.

오늘날 마음챙김 명상에 기반한 심리치료법은 정신장애인이나 만성병 환자, 스트레스를 완화하여 삶의 질을 높이려고 하는 사람들에 이르기까지 많은 사람들이 널리 활용하고 있는 체계화된 방법이다.

2.
MBSR 수련은 어떻게 하나?

MBSR은 만성병과 스트레스 관련 질병을 가진 환자를 위한 행동의학 프로그램으로 개발되었다. 이 프로그램은 마음챙김 명상 수련에 바탕을 둔 것으로 8주 동안 주당 한 회기씩, 각 회기마다 2.5시간~3시간 정도 진행되는 프로그램이다. 제6주째는 종일 진행되는 마음챙김 수련회기가 실시된다. 매일 집에서 45분간 마음챙김 연습에 관한 숙제 훈련을 해야 한다. 집단의 구성은 각종 질병을 보이는 30여 명의 환자들로 이루어진다. MBSR 참여는 특정 질병에 따른 특정 환자 집단으로 참여한다기보다 질병의 종류에 구애받지 않고 끊임없이 변화하는 자신의 내면 상태의 흐름을 경험하고, 순간-순간에 대한 알아차림 능력을 키우고자 하는 사람들로 이루어진다. 그렇지만 어떤 경우 MBSR은 암환자나 심장병 환자 또는 부부 관계를 증진시키려고 하는 사람 등 특정 목적을 가진 특정 대상을 상대로도 이루어진다.

처음 만나게 되는 면접회기에서는 지도자가 이 과정의 합리성과 방법에 관해 먼저 설명하고, 잠정적(후보) 수련자로 하여금 MBSR에 관해 질문을 하게 하거나 참여하게 된 동기에 대해 언급하도록 하고, 필요하면 심리 평가 등의 검사를 받도록 권유한다. 또 이 회기에는 과제 부과에 대해 언급하기도 하고 앞으로 진행될 모든 회기에 빠짐없이 참석하도록 권유하는데 매일 집에서 해야 할 과제(적어도 매일 45분, 일주일에 6일)를 완수하는 데 몰두할 것을 강조한다. 또한 이 프로그램을 수행하는 동안 체험하게 될 각종 경험에 대한 언급과 이 프로그램 완료 후에 있을 사후 평가회기에 대해서도 언급한다. 8주 동안 진행되는 회기들에서는 집단 구성원들이 느끼는 경험에 대해 서로 언급하는 데 많은 시간을 할애한다. 마음챙김 수련이나 스트레스에 관한 다양한 이론적 강의도 한다. 스트레스 생리학과 병리학, 스트레스에 대한 생리 심리적 반응, 스트레스 지각에 대한 인지적 평가 등 심신의학에 관한 것들을 모든 회기에 걸쳐 골고루 통합하여 강의한다.

MBSR 수련은 어떻게 하나?

마음챙김 훈련 | 건포도 먹기 훈련

건포도 먹기 훈련은 제1회기 처음 집단에 참가한 수행자들이 자기 소개를 끝낸 직후 바로 시작하는 마음챙김 명상의 첫 번째 훈련이다. 수행자 한 사람 한 사람에게 서너 알의 건포도를 나누어 주고 그 포도 알들을 과거에는 한 번도 보지 못했던 것처럼 흥미와 호기심을 갖고 관찰하도록 한다. 그리고 나서 수련자들로 하여금 포도 알을 손가락으로 만져 촉감을 느끼게 하고, 포도 알의 외면을 살펴보게도 하고, 불빛에 비춰 불빛이 포도 알을 통과하는지도 살펴보게 하고, 귀 가까이 가져가 빠르게 또는 느리게 부빌 때 소리가 들리는지도 알아보게 하고, 냄새도 맡아보아 어떤 냄새가 나는지도 알아보게 한다.

그런 후에 천천히 입 속에 넣었을 때 침이 나오는지, 어디에서 침이 나와 고이는지 등을 살핀 후 서서히 씹었을 때 입과 혀의 반응, 맛과 질감 등을 살피고 삼켰을 때 목구멍에서 일어나는 감각적 느낌까지 온갖 종류의 감각적 경험들을 차근차근 살피도록 한다. 만약 이러한 훈련을 하는 동안에 어떤 생각이나 감정이 일어나면 판단하지 않은 채 그런 생각이나 감정이 일어났음을 살펴본 후 건포도 쪽으로 주의를 되돌리도록 한다.

건포도 먹기 훈련은 평소 무엇을 먹을 때 알아차림 없이 건성으로 먹었던 습관이나 또는 어떤 일을 할 때 넋이 빠져 자동조정 automatic pilot 상태로 해왔던 행동들에 대해 마음 챙겨 참여할 수 있는 기회를 제공해 준다는 데 큰 의미가 있다. 이 훈련에 참여해 본 사람들은 마음 챙겨 먹는 경험이 평소 음식을 먹을 때 주의가 딴 곳에 가 있어 음식의 맛도 모르고 건성으로 먹었던 습관과는 판이하게 다르다는 것을 알게 되었다고 말한다.

이런 보고는 평소 자동조정에 의해 정신없이 해왔던 활동들에 대해 알아차림한다는 것이, 체험하는 경험의 질을 밀도 있게 느낄 수 있다는 것을 뜻하는 것으로 큰 의미가 있다. 이처럼 일상적 경험에 대한 알아차림 능력이 높아지면 다양한 상태 하에서 일상적으로 해왔던 일을 의도적으로 선택하여 할 수 있도록 해준다. 수행자들에게 제1회기가 끝난 후 앞으로 일주일 동안 음식물을 먹을 때 지금 행한 건포도 먹기 훈련처럼 마음 챙겨 천천히 먹도록 권유한다.

마음챙김 훈련 Ⅱ 보디 스캔 훈련

수련자들에게 눈을 감은 채 등을 대고 바닥에 가만히 눕거나 의자에 편안하게 앉으라고 지시한다. 이어서 왼쪽 발의 발가락으로부터 시작해서 서서히 상체 쪽으로 옮겨가면서 차례차례로 신체의 부위들에 주의의 초점을 두라고 지시한다. 왼쪽 다리에 대한 살펴보기가 끝나면 오른쪽 다리로 옮기고 이어 몸통, 팔, 어깨, 목, 얼굴, 머리 쪽으로 서서히 대상을 옮겨가면서 살펴보도록 지시한다.

개개 신체 부위에서 느껴지는 감각에 대해 어떤 변화도 시도하려고 하지 말고 오직 열린 마음과 호기심을 가진 채 지금 이 순간 나

MBSR 수련은 어떻게 하나?

타나는 감각만을 소박하게 살펴보라고 지시한다. 만약 지금 신체의 어떤 부위에서 어떤 감각도 느껴지지 않는다면 오직 감각이 없다는 것만 알아차리면 된다.

이 훈련은 근육들을 임의적으로 이완시키라고 지시하는 점진적 근육 이완 훈련이나 자율 훈련과는 많은 차이가 있다. 만약 신체의 어떤 부위에서 긴장이 느껴지면 그곳에 긴장이 있구나, 하고 알아차림하면 된다. 또는 어떤 부위에 아픔이 느껴지면 그곳에 어떤 종류의 아픔이 있구나(띵하구나, 찌르는 듯한 아픔이구나 등), 하고 알아차림하면 된다.

이러는 동안 마음이 흔들려 주의가 다른 곳으로 가 방황하게 되면(이것은 불가피한 일임) 마음이 흔들리고 있다는 것을 알아차림한 후 관찰 대상인 신체 부위 쪽으로 조용히 되돌아오도록 할 뿐, 이래서는 안 되는데 따위의 자기 자신에 대해 비판이나 비난을 해서는 안 된다. 보디 스캔은 1~2회 및 8회기에 수련을 받으며 제1주부터 시작하여 4주까지 연속 4주간 숙제로 부과된다. 수련자들에게 보디 스캔 수련을 따라 할 수 있도록 지시하는 CD를 제공해 준다.

보디 스캔은 주의를 특정한 방향으로 나아가게 해주고, 주의가 다른 바깥 대상에 머물러 방황하고 있음을 알아차리게 되면 현재의 집중 대상으로 되돌아오게끔 해주고, 관찰되는 경험이 즐겁거나 즐겁지 않거나 관계없이 열린 마음으로, 호기심을 갖고, 수용하고, 비판단적으로 받아들이게 해주는 등 여러 가지 이점이 있다.

보디 스캔이 끝난 직후 주어지는 질의응답 시간에는 체험한 몇 가지 공통적인 경험들을 질의하도록 한다. 예컨대 어떤 수련자들은 자기 자신이 보디 스캔을 과연 제대로 했는지 여부를 걱정하면서 자신의 경험을 질문하기도 한다. 보디 스캔에서는 이완과 같은 어떤 특정한 성과를 기대해서는 안 되는 것이기 때문에 보디 스캔 끝에 성공했다거나 실패했다는 따위의 결과를 성급하게 기대해서는 안 된다. 이완이 일어날 수도 있지만 이완감이 일어나지 않고 오직 긴장되는 것만을 관찰했다고 보고해도 무방하다.

    수련자들은 보디 스캔하는 동안 잠이 왔다거나, 안절부절 못했다거나, 마음이 방황했다거나, 이곳저곳의 몸이 쑤시고 아팠다거나, 또는 어떤 참을 수 없는 감정 상태가 일어나는 것도 관찰할 수 있었다고 말한다. 이러한 경험들을 했다고 해서 보디 스캔 훈련을 잘못했다는 것은 아니다. 어떤 판단도 하지 않은 채 나타나는 경험이 어떤 것이라도 그대로 알아차리는 것이 무엇보다 중요한 것이다. "이렇게 하는 것은 틀린 것이야." 또는 "이렇게 해서는 안 돼." 또는 "그것과는 다르게 해야 해."라고 말하기보다는 "이 생각은 판단하는 생각이야.", "흥미와 호기심을 갖고 그냥 바라봐." 또는 "또 공상이 떠올랐군. 보디 스캔 쪽으로 주의를 되돌려야겠군." 등과 같은 독백의 말을 하는 것이 좋다.

마음챙김 훈련 Ⅲ 정좌명상

정좌명상은 마음챙김 명상의 본격적 수련 과정인데 몇 개의 단계가

MBSR 수련은 어떻게 하나?

있다. 정좌명상의 첫 단계에서 수련자는 의자나 방석 위에 앉아 마음을 각성(깨어 있는)한 채 편안한 자세를 취한다. 등은 가능한 한 똑바로 펴서 머리와 목과 등뼈가 일직선이 되도록 한다. 눈은 가볍게 감거나 아래쪽으로 응시한다. 처음에 수련자는 자신의 주의를 호흡할 때 일어나는 콧구멍이나 목구멍의 감각과 하복부의 상하 운동과 같은 것에 집중하도록 한다.

마음이 호흡 집중에서 벗어나 흔들리게 되는 것은 불가피한 일이다. 그러나 이러한 마음의 흔들림을 알아차리자마자 호흡 쪽으로 주의를 되돌린다. 몇 분이 지나면 주의의 초점을 호흡에서부터 점차 온몸에서 일어나는 신체 감각 쪽으로 옮겨간다.

참여자는 비록 불쾌한 신체 감각이 일어나더라도 판단하지 말고 이를 조용히 수용하면서, 호기심과 흥미를 갖는 태도를 지니도록 한다. 만약 몸이 불편하여(다리가 아파서) 움직이고 싶은 욕망이 생기면 즉각적으로 움직이지 말고 그 대신 고통 자체를 수용하면서(아, 다리가 아프구나), 꼭 움직여야 하겠다고 생각되면 움직이려는 의도, 움직일 때의 동작, 그리고 움직임에 의해 발생되는 감각의 변화까지도 빠뜨리지 말고 알아차림하도록 한다.

정좌명상의 두 번째 단계에서는 주변 환경 속에서 발생하는 소리나 냄새와 같은 특정 외부 자극에 대해 마음 챙겨 수용하는 연습이다. 예컨대 밖에서 들려오는 소리를 들을 때는 소리의 질, 소리의 양, 소리의 기간 또는 소리와 소리 사이의 침묵에 대해 알아차림하고, 풍겨 오는 냄새의 경우 냄새의 질과 강도 등에 관해 어떤 판단과 분석 없이 순수하게 있는 그대로 알아차림하도록 한다.

그다음 단계에서는 주의의 초점을 자신의 마음 내부에서 생겨 나온 감정이나 생각으로 옮겨간다. 수련사들은 의식 세계 속에 떠올 랐다가는 사라져가는 생각이나 감정을 관찰하도록 한다. 다만 떠오 르는 생각에 깊이 빨려 들어가지 말고 잠깐 동안 그 생각의 내용이 무엇인지에만 주목해야 하며 그 생각이 떠올라 전개되다가 사라져가 는 것을 살펴보아야 한다. 다시 말해 수련자는 자신이 지금 경험하고 있는 분노, 수치, 또는 욕망과 같은 감정들이 떠올랐음에 대해 주목 하고 이 감정과 연관되는 생각이나 감정의 전개 과정을 살펴본다.

정좌명상의 마지막 단계에 이르면 수련자는 자신의 의식 세계 에 자연스럽게 떠오르는 무엇이든(신체 감각, 생각, 감정, 소리, 냄새, 욕망 등) 선택 하지 않고 떠오르는대로 살펴보며 이런 것들이 떠올랐다가 변화되 어가다가 드디어는 사라져가는 것을 살펴보면서 정좌명상을 끝내게 된다.

정좌명상은 제2회기부터 제7회기까지 6회기에 걸쳐 한 번에 10분에서 45분 정도까지 수련한다. 수련기간 동안 대부분의 주週에 정좌명상은 숙제로 부과되며, 정좌명상 지시문의 CD가 제공된다.

마음챙김 훈련 Ⅳ 하타요가

하타요가는 신체의 움직임, 스트레칭 그리고 특정 자세의 유지와 같은 동작을 하는 동안 신체의 동작, 균형 그리고 감각 등에 대해 세세하게 마음챙김을 키워 나가는 것이다. 마음챙김 하타요가는 하나하나의 동작을 행하는 동안 신체나 호흡의 감각을 순간순간 알아차림하면서 부드럽게 천천히 한다.

수련자는 순간순간 신체 동작과 호흡을 세심하게 살피는 것과 함께 신체 동작의 수행 능력 한계도 살피고, 신체 동작 능력의 한계 밖으로 넘어가지 않도록 마음 챙겨야 하며, 목표 이상 더 나아가려고 애쓰지 않도록 끊임없이 살피도록 해야 한다. 하타요가는 수련에 따라 힘과 유연성이 점차적으로 좋아질 수 있는 명상이지 단순한 신체 운동 능력의 증가를 위한 것이 아니다. 하타요가는 비판단적 관찰과 몸의 상태를 알아차림하는 수행 기회를 제공해 준다.

요가 수련 동안 신체의 동작, 균형 그리고 감각을 주의 깊게 관찰하게 되면 신체의 한계가 서서히 변화되어간다는 것을 알 수 있게 된다. 수련자들은 요가 수행이 지루한 느낌이나 졸림이 올 수도 있는 보디 스캔이나 정좌명상보다는 이완된 채 각성 상태를 유지하기가 더 좋다고 말한다. 요가는 제3회기에 한 번 하고 3주에서 6주까지의 숙제로 할당한다. 수련자는 요가 수행을 안내하는 수련용 CD나 자세를 보여주는 요가 동작 그림을 제공받는다.

마음챙김 훈련 V 걷기명상

마음챙김 걷기명상은 걷는 동안의 신체 감각과 균형에 주의의 초점을 두는 것이다. 눈은 정면으로 향하고 가능한 한 발 쪽을 향해 내려다보지 말아야 한다. 몸을 움직일 때, 다리를 들어 올리거나 뻗거나 지면에 놓을 때, 신체의 균형을 잡을 때, 그리고 걸음과 관련 있는 발과 다리의 움직임과 감각 등에 주의의 초점을 둔다.

다른 종류의 명상처럼 마음이 바깥으로 빠져나가 방황하고 있을 때는 부드럽게 걷는 감각 쪽으로 주의를 돌리도록 한다. 보통 걷기명상은 매우 느린 속도로 걷기 시작하여 익숙해지면 보통 정도의 속도나 좀 빠른 속도로도 행할 수 있다. 일반적으로 이 명상은 방안을 가로질러 왔다 갔다 하면서 행하며 어떤 특정 도착점을 미리 선정하지 않고 하는 것이 좋다.

걷기명상에서는 오직 걷는 동안에 일어나는 신체 감각만이 주된 주의의 대상이 된다. 초기 단계에서는 발과 다리에서 일어나는 감각들에 초점을 두도록 하지만 시간이 지나가면서 걷는 동안 전 신체에서 일어나는 모든 감각들에 대해서도 주의의 초점을 확대해 나가도록 한다.

정좌명상이나 보디 스캔에서는 가만히 앉아 있어야 하거나 누워 있어야 하기 때문에 어떤 수련자는 불안이나 긴장감이 파생될 수도 있고 참을 수 없을 정도의 불쾌감이 나타날 수도 있다고 하는데, 이런 사람들에게는 걷기명상을 권한다. 걷기명상은 간단한 용무를 보러 간다거나, 차에서 내려 사무실로 간다거나, 사무실에서 차로 향해 가는 동안, 또는 마을을 한 바퀴 산책하는 것과 같은 일상생활

MBSR 수련은 어떻게 하나?

의 걷기를 할 때도 마음 챙겨 걸을 수 있다. 일상생활에서 마음챙김 걷기는 현재 이 순간의 마음과 몸을 보다 계속적으로 알아차림하는 능력을 길러가는 데 도움이 될 것이다. 수련자는 마음챙김 걷기명상에 관한 CD를 제공받고 때때로 마음챙김 걷기명상을 연습한다.

마음챙김 훈련 Ⅵ 일상생활 속에서 알아차림

세수할 때, 청소할 때, 밥을 먹을 때, 드라이브할 때 또는 쇼핑을 할 때와 같은 일상생활 속의 여러 활동에서 마음챙김 수련을 응용할 수 있다. 매 순간순간 알아차림하는 능력을 키워 나가는 것은 지금 하고 있는 일에 몰입할 수 있는 능력을 키워 갈 수 있을 뿐 아니라 힘들고 어려운 상황을 잘 알아차리고 잘 다루어 나갈 수 있는 능력 또한 함양할 수 있다.

일상생활 속에서 즐거운 순간에 대한 알아차림은 제2주 동안에 주어지는 숙제 속에 즐거운 사건에 대한 기록지를 기록함으로써 가능하다. 수련자는 하루 한 가지씩의 유쾌한 사건의 경험을 주목하여 이 쾌적인 사건과 관련되어 일어나는 생각, 감정 그리고 감각 들을 기록지에 기록하도록 한다. 이와 유사하게 제3주의 숙제 가운데는 불쾌한 사건의 경험에 대한 기록도 한다. 쾌 및 불쾌에 관한 알아차림 연습은 쾌 불쾌와 관련되는 생각, 감정, 감각 그리고 쾌 불쾌와 관련되는 심리적 현상과 행동 간의 관계성에 대한 습관적 반응 패턴을 이해할 수 있도록 하는 데 도움을 줄 수 있다.

일상생활 속에서 호흡명상을 간간이 실천하는 것도 좋다. 호흡명상은 일상생활에서 끊임없이 변화하는 마음의 상태를 알아차림해주는 능력을 길러준다. 순간순간 자신의 호흡에 주의를 기울이면 자각 능력과 통찰 능력은 길러지고 반대로 타성적이고 사동적이며 비적응적인 행동은 오히려 감소된다. 특히 일상생활 속에 마음이 불안하다거나 우울할 때 또는 몹시 당황하고 긴장될 때 호흡명상을 하면 도움이 된다. 일상생활 속 어느 곳에서나 수시로 할 수 있는 여러 종류의 호흡명상법을 담은 CD를 제공받는다.

마음챙김 훈련 VII 종일명상

종일명상 회기는 일반적으로 제6주째 열리게 된다. 이날 수련자는 정좌명상, 걷기명상, 보디 스캔, 그리고 요가 수행에 참여하게 된다. 지도자에 의해 제공되는 지시를 제외하고는 하루 종일 침묵 속에서 행해지게 된다. 수련자들끼리는 서로 말을 하지 못하게 하고 눈도 서로 마주치지 못하도록 한다. 비록 어떤 수행자들은 이날을 몹시 즐거워하고 마음도 이완된다고 하지만 이렇게 즐거워하는 것이 이날의 수행 목표는 아니다. 목표는 이날 하루 동안 지금 현재에 의심이 머물면서 어떤 일이 일어나거나 모두 다 인정하고 받아들이는 것이 주 목표이다.

어떤 수련자는 정좌명상을 할 때 신체적 불편감이나 고통을 경험할 수도 있고, 어떤 수련자는 평소에 숨기고 싶어했던 어떤 감정이 저절로 표출되는 것을 느낄 수도 있다. 또 어떤 사람은 따분하고 불안한 마음을 느끼기도 하고, 하루 종일 일상적인 일들을 제쳐놓은 채 명상을 하고 있음으로 해서 일종의 죄의식 같은 것을 느끼기도 한다. 이날처럼 비교적 오랜 시간 동안 침묵 속에서 알아차림을 하게 되면 보다 강력한 자아 각성이 이루어질 수 있다.

이처럼 종일명상은 남과의 대화, 독서, 또는 텔레비전 시청과 같은 일상적인 일에는 관여하지 않고 자신의 경험 세계를 비판단적으로 바라볼 수 있는 기회를 갖도록 한다. 이러한 침묵 속에서 알아차림을 체험하는 것이 어떤 수련자에게는 스트레스가 되지만 다른 수련자에게는 즐거움이 될 수도 있다. 그러나 대부분의 수련자는 이날의 경험이 유쾌한 것과 불쾌한 것으로 혼합되어 나타난다고 말한다. 수련자들은 그날의 경험에서 "마땅히 무엇을 느껴야 한다"거나 또는 "어떤 일이 마땅히 일어나야 한다"는 따위의 기대감을 갖지 말고 오직 일어나는 대로 지켜보기만 하면 되는 것이다. 이날 수행 마지막 시간의 집단 토의에서 수련자들은 그날 자신이 경험했던 것들에 관해 자유롭게 이야기하도록 한다.

마음챙김 명상 수련 경험에 대한 소감 나누기
매주 2.5시간에서 3시간 동안 진행되는 회기 동안 상당한 시간을 그 회기 동안에 느꼈던 경험이나 집에서 숙제로 했던 마음챙김 수련 경험에 대한 소감을 이야기하도록 한다. 지도자는 수련자에게 충고해

준다거나 마음챙김 수련과 관련 없는 다른 행동 변화 기법에 대해서는 일체 언급하지 말아야 한다.

그 대신 수련자가 마음챙김 수련 동안 느꼈던 어떤 경험이든 그 경험에 대해 호기심을 갖고 열린 마음으로 판단하지 않고, 지나치게 애쓰지 않고 수용하는 자세를 견지해 나가면서 지켜보도록 하는 데 초점을 두라고 강조한다. 이러한 태도는 참여자의 경험을 쉽게 열게 하고 호기심과 탐색의 태도를 키워 나갈 수 있는 환경을 마련해 줄 수 있게 된다. 마음챙김 자세의 핵심은 마음챙김 수련 동안 어떤 일이 일어나건 비판단적으로 수용하는 것이다. 비록 불쾌한 감각, 감정 또는 생각과 같이 유쾌하지 못한 일이 일어난다 하더라도 수련자는 그 경험에 대해 호기심과 수용의 태도로 받아들이는 것이 무엇보다 중요한 것이다.

은유법의 사용도 마음챙김의 자세를 갖추는 데 도움이 될 수 있다. 은유법의 예로서 수련자는 자신을 마치 미지의 세계를 탐험하는 한 사람의 탐험가로 간주해 본다는 것이다. 즉 수련자는 수련을 거듭하면서 새롭게 발견되는 경험의 세계가 오직 신비한 세계 속으로 처음 여행하는 것처럼 호기심을 갖고 수련을 계속해 나간다는 것이다.

또한 과제 수행 동안 수련자들이 부딪히기 쉬운 난제들에 대해 언급하는 것도 매우 중요하다. 예컨대 수행 도중 잠이 온다거나 불안이나 초조감이 엄습해 온다거나 긴장감이나 우울감에 휩쓸린다거나 바깥에서 짖어대는 개 소리, 자동차 소리, 아이들이 우는 소리 등

MBSR 수련은 어떻게 하나?

등 때문에 마음챙김이 잘 안 되는 경우가 있다고 말할 때도 있다. 이 때 수련자는 마음이 동요되기 때문에 마음챙김에 도움 되지 않고 시간 낭비에 불과하다는 등의 부정적 생각에 빠져들 수 있다고 호소할 수도 있다. 수련자가 이런 부정적 느낌이 들면 이를 감추려 하지 말고 오직 호기심을 갖고 그 경험을 있는 그대로 바라보고 수용하는 것이 도움 된다고 말해 준다.

수련자가 부정적 경험을 했다고 언급할 때 그것을 감추지 말고 그대로 표현하도록 용기를 주고 격려해 주는 것이 바람직하다. 수행 도중에 느끼는 부정적 경험은 거의 모든 수련자가 공통적으로 경험하는 것이기 때문에 그 경험들을 어떤 형태로든 변화시키려 하지 말고 있는 그대로 받아들인 후 마음챙김 수련 쪽으로 되돌아가야 함을 강조한다. 마음챙김에서 수용이라는 것은 결코 수동적이거나 무기력을 뜻하는 것이 아니라, 또렷한 알아차림이다.

명상 중에 다리가 몹시 불편할 때는 다리의 위치를 바꿀 수도 있고, 몸에 한기를 느낄 때는 스웨터를 걸칠 수도 있고, 실온이 덥거나 탁하다고 느낄 때는 창문을 열 수도 있고, 개 소리가 시끄러울 때는 창문을 닫을 수도 있다. 그러나 중요한 것은 어떤 하나의 특정 행동을 하기로 마음속에 결정이 내려지면 그 행동을 해야겠다는 의도부터 시작해서 행동 과정 그리고 행동이 종결될 때까지 하나하나의 동작을 모두 알아차림해 가면서 서서히 행해야 한다.

숙제하기

집에서 해야 할 숙제는 일반적으로 CD를 들으면서 45분간의 마음챙김 공식 명상이나 15~30분짜리 비공식 명상을 일주일에 6일간 수행하는 것이다. 마음챙김 기술의 개발과 마음챙김 경험과 관련된 새로운 삶의 방식을 학습하는 데 숙제는 결정적으로 중요하다. 비록 수련자들이 제대로 느끼지 못하고 잘 안 되는 것 같다고 하더라도 매일매일 수행을 계속해야만 된다고 강조해야 한다. 매일 규칙적으로 마음챙김을 수련한다는 것은 새로운 삶에 대한 도전이고 모험인 것이다.

비록 수련자가 부과된 숙제를 하지 못했다고 하는 경우라도 지도자는 수련자가 숙제와 관련하여 어떤 경험을 했는지 물어볼 수는 있을 것이다. 대개의 경우 수련자들은 숙제를 한다는 것이 따분함, 흥분감, 불안, 우울, 공포와 같은 불쾌한 마음이 일어나게 하고, 그리고 "명상이 과연 도움이 될 수 있을까?" 같은 의심을 하게 되었다고 표현하게 된다. 지도자는 수련자의 경험을 솔직하게 표현하도록 도와주고 비판하지 말고 따뜻하게 받아들이도록 해야 한다. 지도자는 숙제를 방해할 수 있는 기타 요인들에 대해 서로 판단하지 말고, 흥미를 갖고 설명해 주고, 규칙적으로 수행하는 데 대한 어려움도 인정해 주고, 수련자들이 보다 규칙적으로 숙제를 잘 할 수 있는 방법을 스스로 발견할 수 있도록 격려해 주어야 한다.

3.
마음챙김 명상 수련으로 삶이 건강하고 행복해진다

　마음챙김 명상 수련에 있어서는 보디 스캔, 정좌명상, 하타요가와 같은 공식 명상은 매일 일정한 시간을 공식적으로 마련하여 최소한 하루 45분 이상 꾸준하게 수행해 나가야 한다. 걷기명상, 호흡명상, 먹기명상, 자애명상과 같은 비공식 명상은 일상생활 속에서 짬짬이 실천해 나가면 된다.

　무엇보다 중요한 것은 위의 명상 실천과 더불어 평소 다음과 같은 일곱 가지 마음가짐 태도를 견지하는 것임을 특히 강조한다.

첫째, 판단하지 않는다. 둘째, 인내심을 갖는다. 셋째, 초심을 유지한다. 넷째, 믿음을 가진다. 다섯째, 지나치게 애쓰지 않는다. 여섯째, 수용한다. 일곱째, 내려놓는다는 것이다. 이 일곱 가지 태도를 일상의 삶 속에 줄기차게 실천해 가는 것이 삶을 지혜롭게 살아가는 데 필요한 것이다. (7가지 마음챙김 태도는 필자가 쓴 『마음챙김』을 참고하기 바란다.)

MBSR 즉, 마음챙김 명상을 8주 이상 수련하면 다음과 같은 질병이 개선된다는 임상 논문이 수많이 발표되었다.

- 두통, 요통, 견비통 등의 만성통증의 증후가 개선된다.
- 일반 불안 증후군과 공황 장애가 개선된다.
- 우울증의 증후가 개선되고 재발률이 낮아진다.
- 유방암, 전립선암 등에서 면역 수치가 개선되고 암에 따르는 우울증, 불면증 등의 심리적 증세가 개선된다.
- 대식증, 섬유근통증fibromyalgia, 불면증, 건선 등의 치료에 효과적이다.

임상 환자 집단이 아닌 학생, 주부, 성인 등이 MBSR을 8주간 수행하고 나면

- 우울과 불안이 최대 60퍼센트 정도 감소된다.
- 자기 통제력과 자기 수용성이 유의미하게 증가된다.

마음챙김 명상 수련으로 삶이 건강하고 행복해진다

- 영성spirituality과 공감empathy 능력이 유의미하게 증가한다.
- 강박증, 대인 민감성, 적개심, 공포감, 신체화 지수가 유의미하게 감소된다.
- 긍정적 감정은 유의미하게 증가하고 부정적 감정은 감소되어 삶이 즐겁고 행복하다고 느낀다.

따라서 마음챙김 명상은 면역계의 강화 등으로 신체의 여러 질병을 개선할 뿐만 아니라 불안, 우울, 적개심, 공포감, 대인 민감성 같은 부정적 감정을 낮추고, 자기 통제력, 수용감, 영성, 공감과 같은 긍정적 감정은 증가시킴으로써 삶의 질을 개선시켜 행복한 삶이 되게 한다. 한마디로 마음챙김 명상 수련은 중생의 고통(아픔)을 풀어주고, 안락감(행복감)은 증강시켜 주는 것이므로 이것이 바로 행복을 위한 훈련이고, 웰빙을 위한 훈련이라 부를 수 있다.

참고 문헌

- 권석만(2006). 「위빠사나 명상의 심리치유적 기능」, "불교와 심리 심포지움" 발표 논문, 서울불교대학원대학교, 1, 9-50.
- 변광호, 장현갑(2005). 『스트레스와 심신의학』. 서울:학지사.
- 이동식(2008). 『도정신치료 입문』. 서울:한강수.
- 장현갑 (1984). 『격리성장과 행동장애 : 생쥐를 대상으로 한 생리심리학적 연구』. 영남대학교 출판부.
- 장현갑(1990). 『명상과 행동의학: 스트레스 대처를 위한 자기조절 기법으로서의 명상』. 학생생활연구, 영남대학교 학생생활연구소, 21, 1-26.
- 장현갑(1996). 「명상의 심리학적 개관: 명상의 유형과 정신생리학적 특징」. 한국심리학회지:건강, 1, 15-33.
- 장현갑(2002). 『명상을 통한 자기치유. 오홍근, 전세일 및 전홍준(편)』, 새로운 의학 새로운 삶. 서울: 창작과 비평사
- 장현갑(2004). 「스트레스 관련 질병 치료에 대한 명상의 적용」. 한국심리학회지:건강, 9, 471-492.
- 장현갑(2007). 『마음챙김』. 서울:미다스북스.
- 장현갑, 강성군(1996). 『스트레스와 정신건강』. 서울:학지사.
- 장현갑, 변광호(2005). 『몸의 병을 고치려면 마음부터 먼저 다스려라』. 서울:학지사.
- 장현갑, 김정모, 배재홍(2007). 「한국형 마음챙김 명상에 기반한 스트레스 감소 프로그램의 개발과 SCL-90-R로 본 효과성 검증」. 한국심리학회지: 건강, 12, 833-850.

참고문헌

- Ader, R., Felter, D., & Cohen, N. (eds). (1990). Psychoneuroimmunology(2nd ed). SanDiago; Academic Press.
- Astin, J. A. (1997). Stress reduction through mindfulness meditation. Psychotherapy and Psychosomatics, 66, 97-106.
- Baer, T. H. (Eds.,) (2006). Mindfulness Based Treatment Approaches. New York : Academic Press.
- Bear, R. (2003). Mindfulness Training as a clinical intervention : A conceptual and empirical review. Clinical Psychology: Science and Practice, 10, 125-142.
- Begley, S. (2007). Train Your Mind, Change Your Brain. New York : Ballantine Books.
- Benson, H. (1975). The Relaxation Response. New York : William Morrow.
- Benson, H. (1985). Beyond the Relaxation Response. New York : Berkeley Books(장현갑 등 (2003). 과학명상법. 서울: 학지사).
- Benson, H. (1995). The Relaxation Response. In D. Goleman & J. Gurin(Eds.) Mind Body Medicine. New York: Consumer Reports Books.
- Benson, H. (2003). Breakout Principle. New York: Simon & Schuster, Inc.(장현갑 등 (2005).『나를 깨라 그래야 산다』. 서울:학지사)
- Benson, H. (2007). Clinical Training in Mind/Body Medicine. June, 20-29. Harvard Medical School
- Benson, H., & Stuart, E. (1990). The Wellness Book: The comprehensive guide to maintaining health and treating stress-related illness. New York: Carlol.
- Bernhard, J. J., Kristeller, J., & Kabat-Zinn (1988). Effectiveness of relaxation and visualization techniques as an adjunct to phototherapy and photochemotherapy of psoriasis. Journal of the American Academy of Dermatology, 19, 572-573.
- Borysenko, J., & Borysenko, M. (1996). Power of Mind to heal. New York: Bantam Books.(장현갑 등(2005).『마음이 지닌 치유의 힘』. 서울:학지사)
- Brantley,J.(2003). Calming your Anxious Mind. Oakland: New Herbinger.
- Carlson, L. E., Ursuliak, Z., Goodey, E., Angen, M., & Speca, M. (2001). The effects of a mindfulness meditation-based stress reduction program on mood and symptoms of

- stress in cancer outpatients: 6-month follow-up. Supportive Care in Cancer, 9, 112-123.
- Carlson, L., Speca, M., Patel, K., & Goodey, E. (2004). Mindfulness-based stress reduction in relation to quality of life, mood, symptoms of stress and levels of cortisol, dehydroepiandrosterone sulfate(DHEAS) and melatonin in breast and prostate cancer outpatients. Psychoneuroendocrinology, 29(4), 448-474.
- Cohen, S., & Williamson, G. M. (1991). Stress and infectious disease in humans. Psychological Bulletin, 109, 5-24.
- David-Neel, A. (1971). Magic and Mystery in Tibet. New York : Penguin Books.
- Davidson, R. (1976). The physiology of meditation and mystical states of Conciousness. Perspectives in Biology and Medicine, 19, 345-380.
- Davidson, R. (2002). The Biological Consequences of Meditation. New York : Health Emotion Organisation.
- Davidson, R. & Harrington. A. (2002). Vision of Compassion. New York; Oxford University Press.
- Delmonte, M. M. (1984). Response to meditation in terms of physiological, behavioral and self-report measures. International Journal of Psychosomatics, 31, 172-180.
- Delmonte, M. M. (1989). Literature review: Meditation, unconscious and psychosomatic disorders. International Journal of Psychosomatics, 36, 45-52.
- Esch, T., Fricchione, G., & Stefano, G. B. (2003). The therapeutic use of the relaxation response in stress-related disease. Medical Science Monitor, 9, 23-34.
- Esch, T., Stefano, G. L., & Benson, H. (2002). Stress-related disease; A potential role for nitric oxid. Medical Science Monitor, 8, 103-118.
- Fawzy, F. I., et al., (1990). A Structured Psychiatric Intervention for Cancer Patient : Ⅱ, Changes over time in immunological measure. Archives of General Psychiatry, 49, 729-735.
- Feunte-Fernandez, R. et al., (2001). Expectation and dopamine Release : Mechanism of the placebo effects in Parkinson's disease. Science, 293, 1164-1166.
- Gage, G. et al., (1997). More Hippocampal neurons in adult mice living in an enriched

참고문헌

environment. Nature, 386, 493-495.
- Germer, C. K., Siegal, R. D., & Fulton, D. R. (2005). Mindfulness and Psychotherapy. New York: The guilford press.
- Goleman, D, P. (1995). Mind Body Medicine. New York : Consumer Reports Book.
- Greenough, W. T. et al., (1978). Subsynpatic plate perforation : Change with age and experience in the rat. Science, 262, 1096-1098.
- Hayes, S. C., Strosahl, K., & Wilson, K. G. (1999). Acceptance and Commitment therapy. New York: Guilford press.
- Kabat-Zinn, J. (1982). An outpatient program in behavioral medicine for chronic pain patients based on the practice of mindfulness meditation: Theoretical considerations and preliminary results. General Hospital Psychiary, 4, 33-47.
- Kabat-Zinn, J. W. (1990). Full Catastrophe Living. New York : Bantam Doubleday Dell(장현갑, 김교헌(1998). 『명상과 자기치유』 상, 하. 서울: 학지사).
- Kabat-Zinn, J. (1994). Wherever you go, There are you: Mindfulness meditation in every day life. New York: Hyperion.
- Kabat-Zinn, J. (1995). The mindfulness meditation: Health benefits of an ancient Buddist practice. In D. Goleman & J. Gurin(Eds.) Mind Body Medicine. New York: Consumer Reports Books.
- Kabat-Zinn, J., Lipworth, L, & Burney, R. (1985). The clinical use of mindfulness meditation for the self-regulation of chronic pain. Journal of Behavioral Medicine, 8, 163-190.
- Kabat-Zinn, J., Lipworth, L, & Burney, R., & Sellers, W. (1987). Four-year follow-up of a meditation-based program for the self-regulation of chronic pain: Treatment outcomes and compliance. Clinical journal of Pain, 2, 159-173.
- Kabat-Zinn, J., Massion, A., Kristeller, J., Petterson, L., Filetcher, K., Pbert, L., Lenderking, W., & Santorelli, S. F. (1992). Effetiveness of a meditation-based stress reduction program in the treatment of anxiety disorders. American Journal of Psychiatry, 149, 936-943.

- Kaplan, K. H., Goldenberg, D. L., & Galvin, N. M. (1993). The impact of a meditation-based stress reduction program on fibromyalgia. General Hospital Psychiatry, 15, 284-289.
- Khalsa, D. S. (1997). Brain Longevity. New York : Warner Books, Inc.(장현갑 등(2006). 『치매 예방과 뇌장수법』, 서울:학지사).
- Khalsa, D. S. (2001). Meditation as Medicine. New York: Simon & Schuster, Inc.
- Kiecolt-Glases, J. K., & Glases, R. (1990). Psychoneuroimmunology : Can psychological interview can modulate immunity. Journal of Consulting & Clinical psychology, 60, 569-575.
- Koenig, H. G. (2001). The Healing Power of Faith. New York: Touchstone.
- Kossyln, S. et al., (1993). Visual Mental imagery activates topographically organized visual cortex : PET investigations. Journal of Cognitive Neuroscience, 5, 263-267.
- Kristeller, J. L., & Hallett, C. B. (1999). An exploratory study of a meditation-based intervention for binge eating disorder. Journal of Health Psychology, 4, 357-363.
- Kutz, I., Leserman, J., Dorrington, C., Morrison, C., Borysenko, J., & Benson, H. (1985). Meditation as an adjunct to psychotherapy. Psychotherapy and Psychosomatics, 43, 209-218.
- Lazar, S. W., Bush, G., Gollub, R, L., Fricchione, G. L., Khalsa, G. & Benson, H. (2000). Functional Brain Mapping of the Relaxation Response and Meditation. Neuro Report, 11, 1581-1585.
- Linehan, M. H. (1993). Cognitive-Behavioral Treatment of Borderline Personality Disorder. New York : Guilford press.
- Massion, A. O., Teas, J., Hebert, J. R., Wertheimer, M. D., & Kabat-Zinn, J. (1995). Meditation, melatonin, and breast/prostate cancer: Hypothesis and preliminary data. Medical Hypotheses, 44, 39-46.
- Medalie, J. H., & Goldbourt, U. (1976). Angina pectoris among 10.000 men : Psychosocial analysis of a five-year incidence study. American Journal of Medicine, 60, 970-921.
- Miller, J. J., Fletcher, K., & Kabat-Zinn, J. (1995). Three-year follow-up and clinical implications of a mindfulness meditation-based stress reduction intervention in the

참고문헌

- treatment of anxiety disorders. General Hospital Psychiatry, 17, 192-200.
- Nerrem, R. E., et al., (1988). Social environment as a factor in diet-induced atherosclerosis. Science, 208, 1475-1476.
- Ornish, D. (1990). Dr. Dean Ornish's Program for Reversing Heart Disease. New York : Random House(장현갑, 장주영(2003).「요가와 명상 건강법」. 서울: 석필).
- Ornish, D. (1997). Love and Survival: The scientific basics for the healing power of intimacy. New York: Harper Collins.
- Reibel, D. K., Greeson, J. M., Brainard, G. C., & Rosenzweig, S. (2001). Mindfulness-based stress reduction and health-related quality of life in a heterogeneous patient population. General Hospital Psychiatry, 23, 183-192.
- Rosenzweig, M. R. (1971). Effects of Environment on Development of Brain & Behavior : In E. Tobach, L. R. Aronson, & E. Shaw (Eds.). Biopsychology of Development, New York Academic Press.
- Roth, B., & Creasor, T. (1997). Mindfulness meditation-based stress reduction: Experience with a bilingual inner-city program. Nurse Practitioner, 22, 150-176.
- Salzberg, S., & Kabat-Zinn, J. (1997). Mindfulness as medicine. In D. Goleman(Ed.), Healing emotions: Conversation with the Dalai Lama on mindfulness, emotion, and health. Boston: Shambhala Pub.
- Schwartz, G. E. (1983). Disregulatory theory and disease: Application to repression, cerebral disconnection cardivascular disorder hypothesis. International Review and Applied Psychology, 32, 95-118.
- Schwartz, G. E. (1989). Disregulation theory and psychosomatic disease: A system approach. In S. Cheren(Ed.), Psychosomatic medicine: Theory, research and practice. New York: International University Press.
- Segal, Z. V., Williams, J. M., & Teasdale, J. D. (2002). Mindfulness-Based Cognitive Therapy for Depression. New York; Guilford press.
- Shapiro, S. L., Schwartz, G. E., & Bonner, G. (1998). Effects of mindfulness-based stress reduction on medical and premedical students. Journal of Behavioral Medicine, 21,

581-599.
- Shapiro, S., Bootzin, R., Figueredo, A., Lopez, A., & Schwartz, G. (2003). The efficacy of mindfulness-based stress reduction in the treatment of sleep disturbance in women with breast cancer: An exploratory Study. Journal of Psychosomatic Research, 54(1), 85-91.
- Speca, M., Carlson, L. E., Goodey, E., & Angen, M. (2000). A randomized, wait-list controlled clinical trial: The effect of a mindfulness meditation-based stress reduction program on mood and symptoms of stress in cancer patients. Psychosomatic Medicine, 62, 613-622.
- Spiegel, D., Bloom, J. R., Kraemer, h. C., & Gottheil, E. (1989). Effect of psychosocial treatment on survival of patients with metastatic breast cancer. Lancet, 2, 888-891.
- Stefano, G. B., Friccione, G. L., Slingsby, & Benson, H. (2001). The placebo effect and the relaxation response ; Neural processes and their coupling to constitute Nitric Oxide. Brain Research Review, 35, 1-19.
- Stolk, J. M. et al., (1974). Social Environment and Brain Biogenic Amine Metabolism in Rats, J. of Comparotive & Physiological Psychology, 87, 203-207.
- Teasdale, J. D., Willams, J. M., Soulsby, J. M., Segal, Z. V., Ridgeway, V. A., & Lau, M. A. (2000). Prevention of relapse/recurrence in major depression by mindfulness-based cognitive therapy. Journal of Consulting and Clinical Psychology, 68, 615-623.
- Wallace, R. K. & Benson, H. (1972). The Physiology of Meditation. Scientific American, 226, 84-90.
- Wallace, R. k., Benson, J., & Wilson, A. F. (1971). A Wakeful hypometabolic physiological State. American Journal of Physiology, 221, 795-799.
- Wiiliams, J. M. G., Teasdale, J. D., Segal, Z. V., & Soulsby, J. (2000). Mindfulness-based cognitive therapy reduces overgeneral autobiographical memory in formerly depressed patients. Journal of Abnormal Psychology, 109, 150-155.
- Williams, K. A., Kolar, M. M., Reger, B. E., & Pearson, J. C. (2001). Evaluation of a wellness-based mindfulness stress reduction intervention: A controlled trial. American Journal of Health Promotion, 15, 422-432.